LA DISPUTA POR MÉXICO

ÁLVARO DELGADO GÓMEZ   ALEJANDRO PÁEZ VARELA

LA DISPUTA POR MÉXICO

DOS PROYECTOS FRENTE A FRENTE PARA 2024

HarperCollins

HarperCollins*México*

© 2022, HarperCollins México, S.A. de C.V.
Publicado por HarperCollins México
Insurgentes Sur No. 730, 2° piso,
03100, Ciudad de México.

© Álvaro Delgado Gómez, 2022.
© Álejandro Páez Varela, 2022.
D.R. © HarperCollins México, 2022.
Publicado mediante acuerdo con VF Agencia Literaria.

Ilustración de portada: Omar Vargas.
Adaptación de portada: Ana Paula Dávila.
Diseño de interiores y cuidado de la edición: José Antonio García R.
Fotografías de autores: Sandra Sánchez Galdoz/ SinEmbargo Mx
Fotografías de interiores: Jorge Díaz Fernández / Conecta MX

ISBN: 978-1-4002-4478-2

Primera edición: diciembre de 2022.

Índice

7

Agradecimientos

Queremos agradecer a nuestras familias por su apoyo total; a nuestros colegas en *SinEmbargo* y *Conecta MX* por su dedicación y consejos permanentes. Y entregamos esta obra a todos los que nos siguen, día a día, en *Los Periodistas;* a ellos, que han dado un nuevo sentido a nuestras carreras.

Prólogo

DOS PROYECTOS para una misma Nación. Uno que fueron robusteciendo PRI, PAN, sindicatos patronales y grandes empresarios durante la segunda mitad del siglo XX y que encontró su momento cumbre en el periodo neoliberal que Miguel de la Madrid inauguró, Carlos Salinas oficializó y con rigor lo continuaron Ernesto Zedillo, Vicente Fox, Felipe Calderón y Enrique Peña. Y otro proyecto discontinuo, bajo (o por la) constante presión: los fraudes electorales; guerra sucia y guerras puercas; plata o plomo: o jugar las fichas que se imponen desde el gobierno o atenerse a la represión, la desaparición o incluso la muerte.

En el siglo XXI, conforme el neoliberalismo reventaba desde su núcleo, una fuerza centrífuga polarizó aún más estos dos proyectos en México. Conservadores y neoliberales, derecha e izquierda, da lo mismo: dos corrientes que se enfrentan por el poder, al menos desde la Independencia, con la promesa de resolver los grandes problemas nacionales.

Y los grandes problemas nacionales, hasta ahora, siguen sin resolverse. No fue suficiente la Revolución de 1910, causada por la profunda desigualdad, la pobreza, la falta de democracia política y la voracidad de un modelo que privilegiaba a los más ricos sobre los más pobres: en 1988, un movimiento de izquierda encabezado por Cuauhtémoc Cárdenas peleó en las urnas con exactamente las mismas banderas y se le aplicó lo de siempre: fraude electoral, guerra sucia, guerras puercas, plata y plomo.

En 2018, treinta años después de aquella elección, Andrés Manuel López Obrador ganó la Presidencia de la República. Pero tuvo que insistir en tres procesos (2006, 2012 y 2018) para que se lograra. En su primer intento, AMLO fue frenado en seco por la vieja clase política (PRI y PAN); los sindicatos patronales, los grandes empresarios, una parte de la prensa y las élites intelectuales.

Este libro habla de esa disputa por México que, encaminada ahora hacia la elección presidencial de 2024, define con más claridad los dos proyectos y los dos bloques que los sustentan.

A lo largo de poco más de dos meses, entre el martes 12 de

octubre y el viernes 17 de diciembre de 2021, conversamos ampliamente con los protagonistas de ambos bloques: uno, el del proyecto de la Cuarta Transformación, con los identificados como presidenciables por el presidente López Obrador; y el otro, con los dirigentes de los partidos coaligados y también con aspirantes a la candidatura a la Presidencia de la República.

Claudia Sheinbaum, Marcelo Ebrard, Rocío Nahle, Tatiana Clouthier y Ricardo Monreal hablan de los dos proyectos desde la izquierda, y también son ponderados por Cuauhtémoc Cárdenas, quien, sin ser parte de la Cuarta Transformación, es un referente en la historia contemporánea de México.

Gustavo de Hoyos, Marko Cortés, Jesús Zambrano, Santiago Creel y María Eugenia Campos, desde la derecha, conceptualizan en este libro el proyecto que enarbolan y al otro que combaten. Alejandro Moreno y Rubén Moreira, presidente nacional y coordinador de los diputados del PRI, la fuerza que más ha sufrido electoralmente desde que entregó la Presidencia de la República en 2018, decidieron no atender la invitación. Claudio X. González Guajardo, hijo del magnate del mismo nombre —quien ejerció enorme influencia en los últimos presidentes antes de López Obrador— y que tramó en su residencia la histórica coalición y el plan de gobierno de esta, también declinó la convocatoria.

Las entrevistas con los protagonistas de este nuevo capítulo de la larga disputa por México fueron acomodadas en dos bloques: el de izquierda y el de derecha. Dado que la izquierda está en el gobierno y Morena, su rostro electoral, se ha posicionado como la principal fuerza nacional, van primero. Al final de ese primer listado está Cuauhtémoc Cárdenas, uno de los motores que hicieron posible el ascenso de la izquierda. Luego sigue la derecha, cuya dirigencia recae formalmente en casi puros varones. Hay que advertir que hay una supuesta "tercera vía" en la que se acomoda el partido Movimiento Ciudadano. Al menos hasta la fecha de cierre de este libro, no representaba una fuerza con suficiente poder para aspirar a Palacio Nacional.

Es muy probable que estos dos proyectos se enfrenten electoralmente en 2024. Y también lo es que los once que participan en este libro tengan una presencia preponderante. Este volumen deja claro, sin embargo, que la disputa continuará después de esa fecha y trascenderá incluso a los protagonistas y a los autores que lo escriben. Es apenas un testimonio que retrata una época y es, también, un capítulo más de una larga, larga disputa por la Nación.

—ÁLVARO Y ALEJANDRO
Febrero, 2022

Con cargo a la izquierda

Por ALEJANDRO PÁEZ VARELA

EL JUEVES 24 de noviembre de 1960, la clase política en la capital mexicana levantó las cejas. En la página 23 de la sección A del periódico *Excélsior* aparecía un desplegado a plana completa que parecía un reto al jefe del Ejecutivo federal. Llevaba por cabeza: "¿Por cuál camino, señor Presidente?".

Lo firmaban los sindicatos de patrones: la Confederación de Cámaras Nacionales de Comercio (Concanaco), la Confederación de Cámaras Industriales de los Estados Unidos Mexicanos (Concamin) y la Confederación Patronal de la República Mexicana (Coparmex). Uno de sus redactores había sido Juan Sánchez Navarro, ideólogo de la derecha y líder moral del sector empresarial durante décadas.

El desplegado, que cuestionaba al gobierno y al presidente, reflejaba un cúmulo de preocupaciones que venían de tiempo atrás. Los empresarios veían al país "rumbo al comunismo". Exigían a Adolfo López Mateos que explicara las decisiones tomadas apenas asumió el poder, sí, pero también los "aires revolucionarios" que entraban tibios por las ventanas de Palacio Nacional y salían calientes. El 1 de enero de 1959 había triunfado la Revolución cubana y no sólo existía una aparente euforia en las esferas de poder, sino también en los ciudadanos de a pie que apoyaban la causa de Fidel Castro.

Los abajofirmantes preguntaban hacia dónde iba la política económica si el gobierno federal estaba comprando negocios privados. "Aparte de estas adquisiciones ya realizadas, se habla en la provincia y en la capital de la compra de otras empresas en diversos sectores económicos: como en la siderurgia, los transportes, telecomunicaciones, el algodón y el azúcar", decían.

Y es cierto que, en los primeros años, López Mateos dio pasos atrevidos para otorgar al Estado más presencia en sectores estratégicos. Se habían nacionalizado la electricidad y la industria minera; se creó la Comisión Nacional de los Libros de Texto Gratuitos, la Reforma Agraria, el Instituto de Seguridad y Servicios Sociales de los Trabajadores del Estado (ISSSTE) y un Instituto Nacional de Protección a la

Infancia.[1] Y para colmo, la Revolución cubana. Y el ex presidente Lázaro Cárdenas del Río organizaba un Movimiento de Liberación Nacional (MLN) que buscaba empujar al país hacia el socialismo.[2]

La Iglesia católica, la Unión Nacional Sinarquista (UNS), el Partido Acción Nacional (PAN) y los dueños del dinero estaban muy decididos a levantar la voz. Para entonces, de hecho, ya habían tomado plazas y una consigna aparecía en pancartas y paredes: "¡Cristianismo sí, comunismo no!"

Los empresarios invitaron al presidente López Mateos a una comida que resultó en celada. En algún momento, Adolfo Riveroll, en representación de la Cámara Nacional de Comercio (Canaco), cuestionó a su invitado:

—Señor presidente, ahora, aquí, delante de todos, díganos: ¿es usted comunista o no es usted comunista?

—Mi gobierno es, dentro de la Constitución, de extrema izquierda —respondió López Mateos.[3]

---

1. *Los orígenes del neoliberalismo en México,* María Eugenia Romero Sotelo (FCE, 2015).

2. "[...] con apoyo de luchadores sociales como Heriberto Jara, Adelina Cendejas y Clementina Bassols Batalla; líderes populares como Jacinto López y Rubén Jaramillo; políticos como Braulio Maldonado e Ignacio García Téllez; artistas como José Chávez Morado; intelectuales como Manuel Marcué Pardiñas, Alonso Aguilar, Fernando Carmona, Carlos Fuentes, Pablo González Casanova y Elí de Gortari; técnicos como Heberto Castillo y jóvenes universitarios radicales como Enrique González Pedrero, Francisco López Cámara y Víctor Flores Olea; además de Cuauhtémoc Cárdenas, el hijo del General". Se constituye el Movimiento de Liberación Nacional, que reúne a casi toda la izquierda mexicana y agrupa a reconocidos luchadores sociales, 4 de agosto de 1961. Doralicia Carmona Dávila, *Memoria Política de México.*

3. *El sexenio de López Mateos,* Enrique Krauze (Clío, 1999).

Pero su gobierno no era de "extrema izquierda". Y conforme avanzó el sexenio se fue acomodando más y más a los deseos de los sindicatos patronales. ¿Qué pasó, cómo se dio tal transformación? Todavía hay debate sobre ello. López Mateos encarceló a líderes sociales, los reprimió y sobre su memoria pesan hasta asesinatos. Y usó la fuerza del Estado contra organizaciones de izquierda que no estuvieran bajo su control. Como lo hizo con el MLN, que trabajaba en una propuesta presidencial de izquierda (alejada del PRI); terminó desmantelado y Cárdenas, poco después, apoyaría la candidatura de Gustavo Díaz Ordaz.

Pasaron cosas más serias con López Mateos. Es cierto que con la mano izquierda creó Luz y Fuerza del Centro, pero con la derecha aplastó el movimiento ferrocarrilero y Demetrio Vallejo fue encarcelado en Lecumberri. Lanzó los libros de texto gratuitos, sí, pero sometió a garrotazos al Movimiento Revolucionario del Magisterio (MRM) y todos los líderes sociales que apoyaban a los maestros se fueron a prisión.

Luego vino el asesinato político. Rubén Jaramillo, quien había peleado junto a Emiliano Zapata en la Revolución de 1910, pagó con su vida las críticas al presidente. Y no sólo él: su esposa embarazada y sus tres hijos; sus sobrinos y varios veteranos que estaban con él cuando lo sacaron de su casa. Se los llevaron militares y policías federales. Los ejecutaron extrajudicialmente en unas ruinas el 22 de mayo de 1962.

Para ese mismo año, 1962, los motivos del comunicado de los patrones estaban ampliamente superados. John F. Kennedy entregó a México El Chamizal, un brazo de tierra firme que se había comido el Río Bravo en Ciudad Juárez, y junto con su esposa Jacqueline Kennedy hizo una aparatosa visita de Estado.

Y luego, López Mateos dijo que la Revolución de Cuba y lo que pasaba en la isla era ajeno "a las aspiraciones y valores de los pueblos latinoamericanos".

"En marzo de 1961, durante una reunión mantenida con representantes empresariales, el Presidente López Mateos recibió su 'voto de confianza' por boca de Carlos Abedrop Dávila, presidente de la Cámara Nacional de Comercio. Y surge una pregunta: ¿por qué el cambio? En opinión de Carlos Tello, se debió a que los secretarios de Hacienda y Crédito Público y de Industria y Comercio habían ofrecido a los empresarios todo tipo de garantías en su declaración, incluido el salvamento de sus empresas si llegaban a encontrarse en dificultades financieras", escribe María Eugenia Romero Sotelo en *Los orígenes del neoliberalismo en México*.

Y con esos aires renovados, el 13 de septiembre de 1962 nacía el órgano que agrupa, hasta la fecha, a los verdaderos dueños del dinero: el Consejo Mexicano de Hombres de Negocios (CMHN), hoy Consejo Mexicano de Negocios (CMN). El magnate Juan Sánchez Navarro también ayudó a redactar sus primeros estatutos.

No habían pasado ni cinco meses del asesinato de Rubén Jaramillo, su esposa y sus hijos, pero en los sindicatos de patrones estaban muy tranquilos: sus negocios iban en caballo de hacienda, con el gobierno federal ahora de su lado.

DESPUÉS DE LÓPEZ MATEOS, a pesar de que nunca dejaron de quejarse, los empresarios fueron tomando el poder federal. Las centrales patronales, que habían ido ocupando espacios y ganando cada vez mayor peso dentro de los "gobiernos revolucionarios" del PRI, vieron ánimos para formar una cúpula de cúpulas que coordinara al resto y en ese contexto nació el Consejo Coordinador Empresarial (CCE) el 7 de mayo de 1975.

En contraste, durante la década de 1960 y hasta entrada la de 1970, las distintas expresiones organizadas de izquierda habían sufrido la persecución desde el Estado y la condena permanente de los patrones, con la complicidad de casi toda la prensa. Se había aplastado al movimiento estudiantil en 1968 y antes, el 23 de septiembre de 1965, campesinos, estudiantes y maestros que protagonizaron el asalto al cuartel de Madera, Chihuahua, habían sido asesinados y sus cuerpos lanzados a fosas comunes frente a sus familiares, que los reclamaban para darles sepultura.[4] En las sierras operaban los batallones de exterminio del Ejército mexicano y la llamada Guerra Sucia estaba en su punto más álgido. Genaro Vázquez había muerto en 1972 en un sospechoso "accidente"; Lucio Cabañas fue ejecutado extrajudicialmente en 1974.

En los hechos, a principios de la década de 1970 la izquierda estaba proscrita en México. La movilización social era aplastada con el Ejército y con la policía y el Partido Comunista Mexicano estaba prohibido. Sobrevivían aquellos individuos que no significaran un peligro para el gobierno, o los partidos (como el Popular Socialista y el Auténtico de la Revolución Mexicana) y las organizaciones fáciles de doblegar, es decir, de moral acomodaticia. La toma del Estado con las armas era una aventura

4. *Las mujeres del alba*, Carlos Montemayor (Penguin Random House, 2010).

de unos cuantos y que un proyecto político de izquierda se alzara para alcanzar el poder de manera democrática era aún más lejano. Y todo eso le pasaba a la izquierda mientras los empresarios y la derecha ganaban más y más espacios.

Algunos analistas creen que el fin del periodo conocido como "desarrollo estabilizador" (que trajo desarrollo a México) y el inicio de las crisis económicas cíclicas dieron a los patrones todavía mayores cuotas de poder. El modelo de la posrevolución se había desvencijado. Y aun así, lo mejor para los sectores empresariales estaba por venir.

"Al finalizar 1980, los empresarios abundaron en sus posiciones con el ánimo no sólo de influir en decisiones coyunturales —tales como el Presupuesto de Egresos de la Federación y la revisión salarial—, sino también buscando presionar ante la inminente sucesión presidencial", escriben Rolando Cordera y Carlos Tello.[5]

"El director del Consejo Coordinador Empresarial, en ocasión de la Trigésima Octava Asamblea de la Cámara Nacional de la Industria de Radio y Televisión, señaló que 'existe en el país una conspiración que busca subvertir el estado de las cosas que preconiza la Constitución' y conminó a la clase empresarial 'a salir de su apatía política'. Posteriormente, el presidente de la Coparmex, en el Décimo Sexto Congreso Nacional de Administración de Recursos Humanos, declaró: 'Ante la sucesión presidencial, la iniciativa privada no detendrá sus inversiones, pues tanto el Presidente [José] López Portillo

---

5. *México, la disputa por la nación*, Carlos Tello y Rolando Cordera (Siglo XXI Editores, 1981).

como quien lo suceda deben garantizar la paz y el orden social que necesitamos'. En la celebración del 50 aniversario del Centro Patronal de Jalisco, su presidente expresó que en el país 'existen nubarrones que presagian tormenta', pues 'la actitud socializante del anterior sexenio [de Luis Echeverría Álvarez] se vuelve a hacer patente cuando el Gobierno va teniendo una participación creciente en la producción de bienes y servicios y se amenaza con incrementarla', y puntualizaba: 'Se nos pretende llevar [por un camino que] ayer fue socialista-comunista y hoy socialdemócrata, ambos totalitarios' ", narran en *México, la disputa por la nación*.

Los empresarios habían hecho su tarea. Su disciplina, el poder que da el dinero, un discurso bien estudiado y bien argumentado y la puerta que les abrió López Mateos —y nadie cerró— les habían permitido entrar hasta la cocina. Y ahora querían la cocina. Y no estaban dispuestos a permitir que un proyecto distinto, sobre todo los de izquierda o con vocación social, se les atravesara en el camino. Cualquier señal en ese sentido fue rebatida con amplificadores mientras difundían un discurso unificado y en dos sentidos: primero, el fracaso del Estado, fuera cierto o no, en cualquier tarea que pudieran hacer los privados; y la necesidad de que el gobierno les garantizara orden e incentivos para ser ellos los que generaran el progreso. El famoso "orden y progreso" de la ultraderecha.

Los empresarios sabían que los espacios que no ocuparan serían habitados por un pensamiento distinto. Y de esa manera empezó la toma de otros sectores que no estaban en su agenda, como la educación o, en particular, las universidades, que en el mundo se habían convertido en escenarios de protesta durante los tardíos 1960 y en tierra fértil para movimientos de izquierda. Entonces comprendieron que debían educar con sus propios colores, con sus propias ideas. Para muchos que estudian este fenómeno es realmente a finales de los 1960 y principios de los 1970 cuando el camino de México hacia el neoliberalismo parece irreversible; y sólo falta ponerle nombre.

"Para la década de los ochenta, cuando se inició la instauración del modelo neoliberal en el país, ya había desaparecido la generación de liberales que se habían dado a la tarea de formar cuadros para construir un proyecto alternativo al cardenismo y, con ello, al nacionalismo económico. Sin embargo, habían tenido la inteligencia de formar a sus relevos en instituciones educativas de nivel superior. En los centros que habían fundado, formaron una élite capaz de modificar las instituciones de la Revolución y el cardenismo para conducir al país hacia una política económica y social liberal. Por lo tanto, el neoliberalismo en México tiene raíces profundas: se desarrolló a lo largo del siglo XX con miras a limitar la participación estatal en la economía y acabar con el proteccionismo, promoviendo el libre cambio y la inversión extranjera, y durante ese siglo se mantuvo en constante tensión con el Estado de la Revolución mexicana, del que fue antítesis", escribe Romero Sotelo.[6]

Y así, los empresarios se encaminaron a su propia "revolución". Una revolución global por la toma del poder. La "revolución de los ricos", le llaman Cordera y Tello. "Fueron varios,

---

6. *Los orígenes del neoliberalismo en México*, María Eugenia Romero Sotelo (FCE, 2015).

y de distinta índole, los instrumentos utilizados por los ricos para hacer su revolución. Y fueron exitosos con el propósito de dominar, en aquellos años, las ideas y el pensamiento del futuro. El capital y la derecha se concentraron en la conquista de las universidades y otros centros de enseñanza superior".

Cordera y Tello agregan: "Diez años después del movimiento estudiantil de 1968 (por ejemplo, los de Columbia y los de California en Estados Unidos, los de la Universidad de París en Francia y los de las universidades en México), los departamentos de economía de las universidades estaban dominadas por el pensamiento neoliberal. Entre 1974 y 2000, ocho profesores de la Universidad de Chicago, y más de once que estuvieron en algún momento asociados a ella, obtuvieron el Premio Nobel en Economía".[7]

Y no sólo las universidades fueron tomadas durante la revolución de los ricos: también los llamados "centros de pensamiento", que se financiaron con empresarios y cuyo objetivo era servir al libre mercado y demeritar (hasta diluir) los Estados nacionales fuertes. "También el capital encontró respaldo, para el logro de sus objetivos, en *'think tanks'* bien financiados e instituciones académicas poderosas y de prestigio (Heritage Fundation, Hoover Institution, la Universidad de Stanford, American Enterprise Institute, todas ellas financiadas generosamente por las grandes corporaciones estadounidenses). En México, a partir de los primeros años de la década de los 80 tuvieron un crecimiento vertiginoso las universidades privadas

---

7. *México, la disputa por la nación*, Carlos Tello y Rolando Cordera (Siglo XXI Editores, 1981).

que ofrecían las carreras de economía, derecho y administración de empresas. También en esos años se desató una campaña de desprestigio de la universidad pública, que desde luego iba más allá de la crítica a su desempeño académico o de las reservas que el activismo político en ellas les provocaba", agregan los autores de *México, la disputa por la nación*.

Alejandra Salas-Porras Soulé, autora, investigadora y profesora de la Facultad de Ciencias Políticas y Sociales de la UNAM, escribe: "En el contexto de un régimen presidencialista y autoritario que se sostenía en un partido hegemónico y una representación de intereses corporativistas muy vertical, el cabildeo con el Ejecutivo se realizó durante casi medio siglo por medio de mecanismos no muy transparentes, entre los que se encontraba tanto el llamado 'derecho de picaporte', que daba acceso privilegiado a los más grandes empresarios a las agencias públicas de mayor poder de decisión (incluida la Presidencia), como otros mecanismos de presión y persuasión tales como las amenazas —más o menos veladas y coercitivas— de disminuir la inversión e inclusive fomentar la fuga de capitales".[8]

"Si bien todos estos mecanismos de presión no desaparecen, conforme el Legislativo adquirió mayor significación en la definición de políticas públicas, después de haber sido considerada una actividad ilegal y socialmente sancionada, el cabildeo legislativo (entendido como uno de los mecanismos que utilizan los grupos de presión para influir en los debates y disposiciones del Congreso) se intensificó hasta convertirse en una

---

8. *Conocimiento y Poder. Las ideas, los expertos y los centros de pensamiento*, Alejandra Salas-Porras Soulé (Ediciones Akal, 2018).

actividad cada vez más abierta, diversificada, institucionalizada y reglamentada", agrega en *Conocimiento y Poder. Las ideas, los expertos y los centros de pensamiento.*

Los empresarios ya tienen las universidades, públicas o privadas; tienen y administran a los grupos de pensamiento y tienen, además, mecanismos de presión. Pero quieren más. Quieren a los intelectuales.

De por sí, el "ogro filantrópico" nunca dejó de hacer un gran trabajo con ellos desde que México es México, acercándolos, acomodándolos, moldeándolos a sus modos y necesidades y comprándolos; así, para el empresariado mexicano no fue tan difícil acomodarlos y orientarlos a sus necesidades, como lo explica Rafael Lemus, quien fuera secretario de Redacción en la revista *Letras Libres* de Enrique Krauze, en *Historia de nuestro liberalismo:* "Durante los primeros años el giro neoliberal encuentra menos resistencia en México que en otros muchos países de Europa y América Latina. Allá las políticas de liberalización económica son una y otra vez enfrentadas por la organizada oposición de los sindicatos, intelectuales y organizaciones sociales. En México el giro neoliberal se pacta. Aprovechando los mecanismos de control construidos durante décadas, el régimen sienta en la misma mesa a empresarios, líderes sindicales y organizaciones civiles y acuerda con ellos las primeras series de reformas económicas".[9]

¿Para qué los intelectuales?, se pregunta Lemus. Para construir una narrativa que suavice el ingreso del país al neoliberalismo; que evite hablar de ruptura con un pasado que sigue

---

9. *Breve historia de nuestro neoliberalismo,* Rafael Lemus (Debate, 2021).

siendo útil (como la idea de la Revolución de 1910) y que dé una imagen de vanguardia, de un sólido futuro. "En esa tarea el gobierno contará una y otra vez con la asistencia de distintos grupos intelectuales y hará repetido uso del aparato cultural, el cual —otra singularidad del caso mexicano— es refundado y robustecido (Conaculta, Fonca, Canal 22) en el momento mismo en que otras muchas instituciones son desolladas".

Y los intelectuales hacen su trabajo. Lemus pone su ejemplo más cercano, en la herencia de Octavio Paz: la revista *Vuelta*, que vino después de *Plural*, el suplemento que desapareció con la toma del periódico *Excélsior* y la expulsión de Julio Scherer y su equipo. "En los términos de Paz, se transita de la 'confusión de *Plural*' a la 'trinchera de *Vuelta*', sólida, compacta, ferozmente anticomunista y antipopulista. Parte de la contienda es interna: escritores de izquierda alguna vez cercanos a *Plural* —como Julio Cortázar y Carlos Fuentes— son cuestionados en las páginas de *Vuelta* y, tarde o temprano, expulsados del círculo cercano. En paralelo con la suerte de purga, el núcleo duro de la revista —construido en los años que nos ocupan sobre todo por Paz, Gabriel Zaid, Enrique Krauze, de manera intermitente Mario Vargas Llosa y, más tarde, Jaime Sánchez Susarrey— redefine la postura ideológica de la publicación y dirige su batería crítica, número tras número, contra sus dos enemigos declarados: el Estado burocrático, no sólo en su versión mexicana, y el socialismo, tanto el 'realmente existente' como la 'doctrina' que —en términos de Paz, tan dado a metáforas clínicas— 'intoxica' a buena parte de los intelectuales latinoamericanos".

Escribe Andrés Manuel López Obrador: "Ahora bien, esta nueva operación de recambio del antiguo régimen empezó hace 30 años, al mismo tiempo que se impuso en casi todo el mundo el llamado modelo neoliberal, que consiste, en esencia, en fincar la prosperidad de pocos en el sufrimiento de muchos. Obviamente, envolvieron esta infamia con una tenaz e intensa difusión de dogmas como la supremacía del mercado, la utilización del Estado sólo para proteger y rescatar a las minorías privilegiadas y, desde luego, proclamaron que las privatizaciones eran la panacea. Para ellos el nacionalismo económico es anacrónico y la soberanía un concepto caduco frente a la globalidad; con una convicción fanática sostienen que se deben cobrar menos impuestos a las corporaciones y más a los consumidores, y que lo económico, en todo momento, debe predominar sobre lo político y lo social. El Estado, a su modo de ver, no tiene que promover el desarrollo ni procurar la distribución del ingreso porque, si les va bien a los de arriba, según ellos, les irá bien a los de abajo. Esa idea peregrina según la cual si llueve fuerte arriba inevitablemente goteará abajo, como si la riqueza en sí misma fuera permeable o contagiosa, ha demostrado ser falsa en cuanto se observan las cifras que miden el crecimiento de la pobreza y de la miseria, no sólo en nuestro país, sino en la mayor parte del mundo".[10]

Con el neoliberalismo globalizado, los empresarios, los intelectuales, los políticos del PRI y del PAN, los centros de pensamiento y las cúpulas patronales sintieron que le habían apostado a la razón y que imponían una corriente moralmente justificada. El problema empezó cuando, años después de que México se incorporó al liberalismo económico, la desigualdad

---

10. *Neoporfirismo*, Andrés Manuel López Obrador (Debate, 2014).

se profundizó; la pobreza creció y la riqueza nacional se redistribuyó, pero ahora en todavía menos manos.

Los abusos de los patrones durante las décadas de 1980 y 1990 se hicieron aún más evidentes cuando el país cayó en una crisis económica y financiera y recurrió al endeudamiento para salvar a los que estaban fundidos en un solo grupo compacto, arriba, decidiendo el destino de la Nación y ahora también el destino de los recursos prestados. Miles de millones de dólares fueron cargados a las deudas personales de los mexicanos para que las grandes empresas, los bancos, las familias más ricas y los políticos más abusados no sufrieran por esta crisis que, además, adelantaba los funerales del modelo que la provocó; los funerales del modelo neoliberal.[11]

Estados Unidos se acercó como nunca al gobierno de México, sobre todo a partir de la llegada de Carlos Salinas de Gortari al poder. Y cerca se mantuvo a partir de entonces, presidente tras presidente. Los que habían estudiado en el extranjero para este gran momento de finales de los 1980 se incorporaron a las tareas de administrar una Nación que empezó, con Salinas, a desincorporar bienes públicos y empresas estatales de sectores estratégicos para beneficiar a esa élite que había cuestionado en 1960 el rumbo de Adolfo López Mateos y que para 1988 se metía a la Residencia Oficial de Los Pinos sin necesidad de tocar la puerta.

"El principal interés [de Estados Unidos] consiste en evitar la independencia al margen de las ideologías. Recuérdese que

---

11. El Fondo Bancario de Protección al Ahorro, Fobaproa, fue creado en 1990 por el gobierno de Ernesto Zedillo Ponce de León con el voto de los partidos políticos de derecha y centro-derecha para rescatar las deudas de empresas, bancos y financieras.

somos una potencia global con la que tenemos que asegurarnos de que las diversas partes del mundo siguen cumpliendo las funciones que les hemos asignado dentro de nuestro sistema global. Y las funciones asignadas a los países del Tercer Mundo consisten en ser mercados para las empresas norteamericanas, fuente de recursos para las empresas norteamericanas, y proporcionar trabajo barato para las empresas norteamericanas, etcétera. Es decir, esto es un secreto a voces, y aunque ni los medios de comunicación ni la academia lo digan, todo lo que hay que hacer es leer los documentos desclasificados del Gobierno, donde se explica de manera muy franca y explícita", dijo Noam Chomsky en un seminario en Rowe, Massachusetts, el 15 de abril de 1987.[12]

El país dio, en muy poco tiempo, un giro completo. Y con cargo, otra vez, a la izquierda. En 1988 se cometió un escandaloso fraude electoral al movimiento democratizador que había nacido desde la entraña misma del sistema, y se emprendió una cacería de opositores como las que se habían dado durante el medio siglo previo. Y al mismo tiempo, empezaba una fusión interesada entre las dos grandes fuerzas electorales: PRI y PAN.

EL MOVIMIENTO que encabezó Cuauhtémoc Cárdenas en la última mitad del siglo XX empezó en la Corriente Democrática del PRI en 1987 y desde allí pugnaba por un cambio total de régimen para atender la creciente desigualdad y rescatar los principios de la Revolución de 1910, secuestrados por la

_____

12. *Chomsky esencial*, Noam Chomsky (Austral, 2019).

élite para su usufructo. El PRI se cerró y al año siguiente, con figuras como Ifigenia Martínez, Porfirio Muñoz Ledo, Heberto Castillo, Gilberto Rincón Gallardo, César Buenrostro y Rodolfo González Guevara, y otros que se sumaron en el camino, como Rosario Ibarra de Piedra, se fundó una fuerza emergente, histórica, que aspiraba a la Presidencia con un Frente Democrático Nacional que conjuntaba partidos y organizaciones de izquierda. Pero se manipuló la voluntad de los votantes. Se impuso a un heredero del neoliberalismo —encaminado por Miguel de la Madrid Hurtado—: Salinas de Gortari.

Y entonces, todo el conocimiento acumulado por décadas se puso a disposición del sistema para comprar o hundir a los disidentes. Salinas de Gortari hizo lo que se había ensayado: se apropió (otra vez) de algunos postulados sociales de la izquierda; acercó a las élites de intelectuales; apoyó la ahora conveniente idea de que el Estado hacía mal las cosas y desincorporó empresas públicas para entregarlas a la élite. Y trabajó pacientemente para evidenciar a la izquierda como una fuerza marginal, radical, anacrónica, con ideas rebasadas y sin un proyecto de Nación viable como para aspirar a la Presidencia.

Se apoyó en los grupos de pensamiento y se abrió espacio al liberalismo en la academia; hizo reformas de Estado que aplaudieron de pie la Casa Blanca y el Capitolio en Washington. Y todo esto tuvo la aprobación y complacencia de medios electrónicos o impresos, que se sumaron gustosos a la tarea de crear una nueva narrativa de modernidad. La palabra "solidaridad" fue utilizada como símbolo de los nuevos tiempos.

Pero al mismo tiempo se aplastaba a la disidencia, como lo hicieron López Mateos o Gustavo Díaz Ordaz, o Luis Echeverría o, más adelante, el mismo Ernesto Zedillo Ponce de León. La Comisión Nacional de los Derechos Humanos documentó cientos de desaparecidos, asesinatos y presos políticos de izquierda desde 1988 hasta ya bien entrado el nuevo milenio. Ya no sólo se mataba a los que llevaban su lucha a la clandestinidad: también a los que usaban los canales supuestamente democráticos. Así como mataron o desaparecieron, desde 1952, a los miembros del Partido Constitucionalista y la Federación de Partidos del Pueblo Mexicano que acusaban fraude electoral de Miguel Alemán contra Miguel Henríquez Guzmán, así fue la operación para provocar pánico en las filas del nuevo cardenismo.

Derechos Humanos contó 295 perredistas asesinados por motivos políticos entre 1988 y 1994, es decir, sólo con Salinas en el poder. Muy al principio, las primeras víctimas fueron Francisco Xavier Ovando y Román Gil Heráldez, colaboradores cercanos de Cuauhtémoc Cárdenas. Pero de 1994 al año 2000 la cosa se puso peor, con Ernesto Zedillo en la Presidencia: 349 militantes del PRD fueron asesinados.

Intelectuales como Mario Vargas Llosa consideran a Ernesto Zedillo, con quien nació el Fobaproa, "héroe de la democracia" mexicana. Y juntos, el escritor y el ex presidente serían premiados por el ultraderechista presidente español José María Aznar en la Casa de América.[13]

Suele recurrirse al asesinato de Luis Donaldo Colosio y al levantamiento armado del Ejército Zapatista de Liberación Nacional (EZLN) —el primero una ejecución desde dentro del

---

13. "Vargas Llosa y Ernesto Zedillo, premiados por la Casa de América", *El País*, 5 de diciembre de 2002.

poder y el segundo una rebelión emanada desde la más profunda pobreza— como el rostro de la descomposición de México a finales del milenio. En realidad fueron esos y una cadena de actos de represión lo que marcó el fin del sexenio de Salinas y todo el de Zedillo.

Salinas no se atrevió, pero Zedillo sí ordenó una cacería de líderes zapatistas en Chiapas apenas inició su mandato. Luego, para junio de 1995, 17 indígenas de la Organización Campesina de la Sierra Sur fueron masacrados por pedir la liberación un compañero desaparecido. La policía priista de Guerrero los asesinó a mansalva en un vado conocido como Aguas Blancas, en Coyuca de Benítez. Eso fue apenas el inicio. La respuesta del Estado a la disidencia de izquierda se radicalizó.

En diciembre de 1997, en Acteal, Chiapas, 45 indígenas tzotziles, la mayoría mujeres y niños, así como cuatro bebés en el vientre de sus madres, fueron asesinados por un grupo paramilitar vinculado al Ejército y al PRI. En junio de 1998, una cuadrilla militar disparó contra una escuela en El Charco, Guerrero, y mató a 11; algunos eran miembros del Ejército Revolucionario del Pueblo Insurgente (ERPI); al verse sorprendidos se rindieron, no traían armas. La respuesta fue plomo y fuego.

Zedillo, claro, es recordado en la élite como un gran presidente de México. La cantidad de matanzas sin justicia sugieren que fue, más bien, un digno representante del sistema creado con dedicación durante décadas. El 30 de diciembre de 2021, Mario Vargas Llosa despidió el año con una frase para la historia: "México, desgraciadamente, vive un retroceso dramático con un Presidente populista [Andrés Manuel López Obrador, de izquierda]; un Presidente demagogo que va acabando con todas las libertades que, gracias al señor [Ernesto] Zedillo, vivió México. Y hoy, desgraciadamente, México es uno de los países que más retrocede en América Latina". Tal cual: un héroe de la derecha. Con cargo a la izquierda.

Y llegó Acción Nacional al poder y lo mismo: con Vicente Fox Quesada en la Presidencia y Enrique Peña Nieto como gobernador del Estado de México se atacó a los pobladores de San Salvador Atenco "que se oponían al desalojo de un grupo de floricultores para construir un Walmart. Tuvo como saldo dos muertos y más de 200 personas detenidas sin ninguna orden de aprehensión. Con casos de tortura y vejaciones, se les mantuvo incomunicados y las mujeres fueron violadas", reseñó la CNDH.[14]

Pero no se quedaron sólo en eso. El pueblo, abiertamente simpatizante de la izquierda, sufrió otra incursión en mayo de 2006. Derechos Humanos narra: "Por orden del entonces gobernador Enrique Peña Nieto, tuvo lugar un operativo policial en las localidades de Texcoco y San Salvador Atenco, Estado de México. El objetivo era ponerle fin a un movimiento de protesta surgido como oposición a un proyecto para construir un nuevo aeropuerto para la Ciudad de México en el municipio de Atenco. Dos personas murieron, decenas de mujeres fueron abusadas y más de 200 personas resultaron detenidas".

En febrero de 2000, la Policía Federal Preventiva entró a la UNAM, detuvo a casi mil estudiantes y se giraron 500 órdenes de aprehensión. Los jóvenes habían tomado la Universidad para detener un aumento en las cuotas, en un país en el que

---

14. *Informe sobre la violencia política del Estado Mexicano*, Comisión Nacional de los Derechos Humanos (CNDH), junio de 2021.

miles de ellos son rechazados de las instituciones superiores públicas "por falta de cupo", mientras que el negocio privado de las escuelas crece.

EL NUEVO SIGLO MEXICANO abrió con un relevo muy esperado: el PAN por el PRI en la Presidencia. Por primera vez un empleado de los grandes corporativos se cruza la Banda Presidencial, generando una gran expectativa de un cambio que simplemente no llega, porque era imposible: el PAN fue, durante todo el neoliberalismo, el guardián de sus principios; Vicente Fox Quesada se encargó de darles continuidad, defenderlos y aplicarlos, y salvaguardar la herencia no sólo de Salinas, sino también de Zedillo. Se recurrió a un "el pobre es pobre porque quiere" o al "dales una red, no el pescado" para evadir las responsabilidades del Estado en una nación empobrecida. De las mesas de libros de novedades sobre *management* moderno, el ex gerente de Coca-Cola, hijo del privilegio y casi analfabeta por decisión propia llega con un crucifijo al Congreso y baja el cuadro de Benito Juárez, símbolo del Estado laico, de las paredes de la Residencia Oficial.

La represión y el acoso a los movimientos de izquierda se vuelven lo cotidiano. El presidente mismo se encarga de señalar al jefe de Gobierno de la capital mexicana, López Obrador, un izquierdista; y mientras, una fracción del PAN encabezada por Diego Fernández de Ceballos, ex candidato presidencial, se alía con Salinas de Gortari para tenderles una trampa a colaboradores cercanos. Y luego usan los programas más vistos de la televisora con más *rating*, Televisa, para difundir videos de corrupción en el gobierno capitalino. El lema de AMLO era: "Honestidad valiente".

Para la campaña electoral de 2006, todas las fuerzas que llevan décadas organizándose se unen con un objetivo: desacreditar a Andrés Manuel López Obrador: será el candidato de las izquierdas a la Presidencia. Los empresarios inyectan dinero a las campañas sucias, la Iglesia alerta del "peligro del comunismo" y el presidente mueve mar y cielo para que el izquierdista sea visto como un radical. "Es un peligro para México", dijeron. Y tenían razón: la opción de izquierda significaba, otra vez, un peligro para el México que habían concebido ellos desde antes y con el neoliberalismo. Se rompieron todas las reglas de la convivencia democrática sin que la autoridad electoral metiera mano, y casi toda la prensa se unió para golpear la imagen del candidato presidencial del PRD. El fraude no estuvo en las urnas, como en 1988. La élite había aprendido de entonces. Lo que se hizo fue organizar todos los frentes para eliminarlo antes de la votación siquiera, generando la idea del "fraude patriótico", es decir, del fraude justificado. Y ese año se impuso a Felipe Calderón Hinojosa, uno de ellos, en la Presidencia de la República. Otra vez con cargo a la izquierda.

Y luego las dinámicas de la Nación cambiaron por completo. Calderón declaró una guerra a las drogas que incendió el país en una ola de violencia sin precedentes, que colocó varias ciudades de México, al mismo tiempo, entre las más sangrientas del mundo. Siguió el reparto de bienes nacionales y de concesiones a la élite empresarial, mientras se mataban las tres grandes empresas que sobrevivían al neoliberalismo: Petróleos Mexicanos (Pemex), la Comisión Federal de Electricidad

(CFE) y Luz y Fuerza del Centro; esta última se cerraría de golpe, reprimiendo a los trabajadores y violando sus garantías. Y después vendría Enrique Peña Nieto en el turno al bat. Otro de los mismos. Un neoliberal rodeado de neoliberales que impulsaron otra horneada de "reformas estructurales" para entregar lo que quedaba a los empresarios, en medio de una nube espesa con olor a corrupción.

En 2018, después de tres intentos, López Obrador alcanzó la Presidencia de México. Empresarios, intelectuales, medios, periodistas y el PAN, el PRI y ahora el PRD intentaron, otra vez, desbarrancarlo. Repitieron las prácticas de 2006 y, otra vez, la autoridad electoral no metió las manos. "El trabajo sucio arrancó en noviembre de 2016. Expertaria, contratando a una granja de *trolls* cibernéticos, se encargó de incubar perfiles apócrifos y páginas de apoyo a Ricardo Anaya en diferentes redes sociales como Facebook, Twitter e Instagram", cuenta Tatiana Clouthier en *Juntos hicimos historia*. Clouthier, quien fuera coordinadora de la campaña de la izquierda en 2018, revelaría una parte de los empresarios que habían pagado a un grupo de intelectuales para coordinar campañas de difamación. Señaló directamente a Enrique Krauze, dueño de *Letras Libres* y de Clío, revista y editorial que, diría después del presidente López Obrador, se financiaron con abundante dinero del erario y de la élite empresarial.[15]

La Revolución de 1910 les dio a varias generaciones en la élite una justificación perfecta para decirse de

15. *Juntos hicimos historia*, Tatiana Clouthier (Penguin Random House, 2018).

izquierda y ser lo contrario. Se usó como un enorme y duradero telón —de más de un siglo— para que se ocultaran los intereses comunes de las clases privilegiadas: los políticos, banqueros y empresarios, un cuerpo sólido de intelectuales e individuos educados, magistrados y ministros, dueños de la prensa, la cresta de la Iglesia católica o los accionistas de consorcios nacionales o extranjeros.

En el escenario pasaron los desfiles, se tronaron los cohetes, se idolatraron héroes y, en años recientes, se practicó una versión conveniente de democracia donde nadie pierde, excepto la izquierda. Detrás de la bambalina se planearon fraudes, se distribuyeron las concesiones, se organizaron las cuadrillas de saqueo y los batallones de exterminio, y se analizó cómo mantener siempre viva la idea de que toda decisión fue en nombre de los principios de izquierda más puros y nobles, como la justa distribución de la riqueza nacional o procurar bienestar a las mayorías.

Los obreros y los campesinos marcharon, con los colores de la Patria, frente a "líderes" momificados, ya sin nombre y sin partido porque no eran necesarios. Y al mismo tiempo, los líderes de los obreros y de los campesinos eran emboscados, perseguidos, sacados de sus casas, asesinados o desaparecidos. Y mientras no sucediera frente a todos, mientras no se les desapareciera o se les fusilara en vivo y a todo color (y aquí los dueños de la prensa jugaron un papel importante), no pasaba nada. Pero sí pasaba algo. El pegamento se secó y las cortinas, por su propio peso, se fueron despegando.

Hay que entender, ahora, el enorme golpe que significó para esta élite que en 2018 ganara una opción distinta a la que ya tenían preparada, del PAN o del PRI —les da lo mismo—. Hay que comprender a los grupos empresariales, que ya tenían la Presidencia del país como una concesión y fueron expulsados del atrio del poder. O a los de los intelectuales, donde el golpe fue todavía más duro: crecieron chupando de la ubre del ogro filantrópico e hicieron una apuesta ideológica a su favor; y ahora les cambian la jugada. O a los medios de comunicación, que fueron perritos falderos de los grupos de poder enquistados en Palacio Nacional y se habían beneficiado de ellos con contratos multimillonarios: hay que comprender su reacción también. Y a los grupos privilegiados y escondidos en la academia o en los *think tanks,* en los organismos paraestatales o en instituciones privadas, hay que entenderlos.

Décadas de trabajo para establecer un modelo que les acomode en la élite se fueron en 2018, por voluntad popular, al carajo. Tener en sus manos el Poder Ejecutivo federal les daba lugar para reunirse. El teatro, físicamente, estaba allí. Y a todos en la élite los unía la corrupción en sus distintas formas, pero también una idea de pertenencia que socializaron y compartieron: el Estado es nuestro, los gobiernos de donde vengan son nuestros; el destino es nuestro y, como es nuestro, lo heredamos a los que vienen.

También hay que entender lo que sucedió con la izquierda todo el tiempo que duró el telón en México. Despojada de la movilización social más importante del siglo XX, la Revolución de 1910; condenada en muchos casos a la clandestinidad, la izquierda fue despojada incluso de un pasado y por lo tanto de una evolución. Entonces, cada vez que revivía, le era necesario inventarse de cero. Ese inventarse de cero reinicia en 2018, en otro capítulo de la gran batalla por la Nación.

MI PADRE PENSABA que ganaría la Unión Soviética y eso dice algo. Atesoraba fotos con un amigo suyo, gobernador de Chihuahua, al que admiró porque "se conocía la Tarahumara a pie, como [Francisco] Villa"; es decir, porque había visto la pobreza a los ojos y derrotarla —suponía mi viejo— sería su obsesión. Aurelio Páez Chavira murió con un billete de 20 dólares en la cartera y una cuenta de banco vacía; su amigo vivió sus últimos años a expensas de la buena voluntad de los extraños, mientras que la pobreza —en esa sierra y en México, en general—, por desgracia, se fortaleció: le salieron ojos más furiosos y más garras y dientes, y ahora cabalga junto a otro monstruo igual o peor (al que despertaron deliberadamente): la violencia criminal.

Los autores de este libro no habíamos cumplido 20 años cuando el muro se vino abajo. Fue de tal estruendo aquello que cuesta explicarlo. El fracaso del comunismo soviético enterró por todo el mundo casi cualquier proyecto social que mezclara alguna de estas palabras: proletario, oligarquía, reparto justo, igualdad, lucha de clases, explotadores y explotados. Y en los años por venir, salvo algunas muestras de justa rebeldía contra la opresión del modelo (la guerra en Chiapas, enero de 1994), el neoliberalismo no sólo se hizo gobierno: tomó la academia; sedujo y compró a los intelectuales; intervino y desacreditó la educación pública e inyectó cianuro, con gotero para atontar pero no matar, a los medios de comunicación.

Creó una élite de privilegiados estúpidamente ricos y poderosos, y esa élite disolvió en café los Estados nacionales y masticó, ruidosamente, como cereal tostado, el fruto de las mayorías.

Y ese sistema que facilitó los llamados "megaproyectos" recurrió a la compra de voluntades y a la opresión (muchas veces a ambos), y pagaron, incluso con su vida, los defensores de la Tierra, pueblos o individuos. La represión de los desposeídos se justificó como "necesaria" mientras que la frivolidad de las élites se puso de moda. El progreso que planteó el capitalismo salvaje se financió con pulmones de mineros y con lagos y ríos de comunidades en México o en otras partes del mundo. La escena de mujeres violadas por policías por defender las tierras de sus padres no fue una exclusiva de Atenco, Estado de México: fue, por desgracia, el sello de una era, como lo fue llevar a la portada de las "revistas de sociedad" el derroche de los cachorros del neoliberalismo.

En el colmo del descaro, formas clásicas de explotación se extendieron en sociedades que se presumieron cada vez más "democráticas", "modernas" y "liberales". Millones sin seguridad social pusieron sus autos, sus motos y bicicletas para repartir los gustos de la clase media y alta, incluso en medio de una pandemia; millones pusieron sus autos al servicio de una aplicación y millones entregaron en renta sus casas a empresas que no necesitaron ya activos físicos, sino capacidad para "organizar" a los verdaderos dueños de los bienes. Dicho de otra manera: empresas como Uber o Airbnb ya no necesitaron invertir en un solo activo y obtuvieron todo de los otros, que gastaron sus ahorros o lo que no tenían para que esas empresas globales pudieran explotarlos.

Y aquí estamos, otra vez, hablando de socialismo. Y en el otro extremo de la misma mesa, el neoliberalismo hace todo para evitar un estruendo al caer. Y aquí estamos, presenciando otra vuelta en el *yin y yang:* conservadores contra liberales o viceversa; izquierda contra derecha o al revés y da lo mismo.

Aquí vamos, sorprendidos, caminando un capítulo no bocetado que Rolando Cordera y Carlos Tello no alcanzaron a contar en *México, la disputa por la nación,* pero que adelantaron cuando hablaban de las "opciones polares dentro de las cuales tendría lugar, en los años por venir, el desarrollo de México".

Y con el fracaso del neoliberalismo se organizaron funerales de todos los que apostaron a que la "sabiduría del mercado" compensaría la disolución del Estado. No hubo sabiduría porque el mercado tiene la curiosa vocación de acumular para unos cuantos. El capitalismo fue demasiado lejos. Las élites se volvieron desvergonzadas y salivaron frente a los hambrientos. Y cuando vino la pandemia de SARS-CoV-2, como si hubiera un deseo insano de dejar testimonio de lo anterior, los más ricos y las grandes compañías, en México y en el mundo, triplicaron o cuadruplicaron sus ganancias mientras millones se desbarrancaban en pobreza extrema en apenas los primeros dos años.

Y aquí estamos, sorprendidos por las fotos de quienes podrían contar la historia contemporánea y aparecen hincados, borrachos de poder, ante el ogro filantrópico; frente a una generación de intelectuales que envejeció mal porque hizo una apuesta, la peor de todas, en contra de las mayorías. Queda por opción la mejor, la de siempre: que la historia se cuente sola; que hablen los protagonistas en ella porque los testigos que podían hacerlo se emborracharon y quedaron comprometidos. De eso va este libro.

Si le hubieran dicho a mi padre hace 50 años que rescatar a los pobres sería un anhelo de nuestro tiempo, preguntaría —lo conozco—: ¿en qué momento dejó de serlo? El economista Thomas Piketty, igualmente sorprendido, dice: "Si me hubieran dicho en 1990 que en 2020 iba a publicar una colección de crónicas titulada *¡Viva el socialismo!,* habría pensado que se trataba de un mal chiste".[16]

16. *¡Viva el socialismo!,* Thomas Piketty, 2020.

Claudia Sheinbaum

Lo que quieren es que vuelvan los privilegios

CLAUDIA SHEINBAUM, la jefa de Gobierno de la Ciudad de México, no se anda con rodeos:

—El 2018 fue la ruptura de un proyecto de Nación fracasado, porque precisamente por eso triunfa el movimiento que encabeza Andrés Manuel López Obrador.

"El proyecto de Nación que fracasó es el neoliberal —subraya—, cuya ideología se manifiesta en tres aspectos: el primero es que ve al mercado como el más eficaz distribuidor de

la riqueza; el segundo es que todo es considerado mercancía, es decir, debe tener valor económico para dejar ganancias.

"Y el tercero, que es su particularidad en México: privilegió a un grupo que se enriqueció al amparo del poder público a través de un proceso de corrupción en el que se entregaron los bienes de la Nación a un grupo muy selecto y que se fue beneficiando permanentemente".

La herencia del proyecto de Nación neoliberal, iniciado con Miguel de la Madrid y concluido 36 años después con Enrique Peña Nieto, es aberrante, dice:

—Una enorme desigualdad, una concentración de la riqueza, un grupo en el poder que buscaba el beneficio para ese mismo grupo y que acabó por corromper las más altas esferas del poder público y que se minó hacia abajo en ese proceso de corrupción.

Enseguida, sin pausa, Sheinbaum expone también de manera directa el proyecto de Nación que triunfó en 2018, antagónico al neoliberal y con el que se identifica como parte de la Cuarta Transformación que lidera López Obrador:

—¿El otro proyecto qué es? Es un proyecto que establece, primero, que tenemos que recuperar el Estado de bienestar que fue acabado durante el neoliberalismo. ¿Qué quiere decir Estado de bienestar? Que el Estado tiene que encargarse de los derechos básicos para beneficio de la gente. ¿Cuáles son los grandes derechos sociales? La educación como un derecho, la salud como un derecho, la vivienda como un derecho, pero también muchos otros, el agua como un derecho y no como una mercancía.

"Son también derechos sociales la pensión universal a los

adultos mayores, independientemente", subraya, "de si cotizaron en el IMSS, en el ISSSTE o sistemas estatales; el transporte público sustentable y un medio ambiente sano, que es además un derecho humano".

Y redondea los contrastes entre el modelo neoliberal y el de la Cuarta Transformación:

—De ese lado es la economía neoliberal y de este lado es la economía moral. De ese lado son los privilegios y de este lado son los derechos. De ese lado es la corrupción y de este lado es la honestidad. De ese lado es el valor económico y de este lado es el amor. Esa es la gran diferencia con el proyecto de Nación que fue derrotado en el 2018.

Y ahora, ante la disputa por la Nación perfilada hacia 2024, vuelve a la comparación:

—¿Quién está pugnando por que regrese ese sistema del pasado? Pues aquellos que perdieron sus grandes privilegios.

Sheinbaum, licenciada en Física, maestra en Ingeniería Energética y doctora en Ingeniería Ambiental, ha alternado su vocación científica con el servicio público. Desde 2018, cuando se marcó un alto a casi cuatro décadas de modelo neoliberal, fue electa jefa de Gobierno de la ciudad más grande del planeta.

Es jueves 4 de noviembre de 2020, a un mes de cumplir tres años en el cargo, el mismo lapso que tiene López Obrador en la Presidencia de la República. Viene de sufrir una derrota ante la oposición, cuya campaña se basó en salir a votar, porque vendría la dictadura:

—La gente se lo creyó, muchísima gente.

Su austera oficina nunca está en silencio. Siempre llega el ruido vehicular, los gritos de transeúntes, las demandas vecina les. También se escucha la música, que siempre hay en las calles del Centro, y los tambores que nunca cesan, ni de madrugada.

Suenan los acordes y las voces de "El Querrequé", y Sheinbaum sonríe. Estas expresiones cotidianas que son, dice, sinónimo de vitalidad.

—Esta es una ciudad de libertades. No hay manera de que esas libertades desaparezcan, porque si no, los propios ciudadanos las van a buscar. Esa es la historia de lucha de la ciudad, pero en particular aquí en el Zócalo y la zona centro de la ciudad, el corazón de la ciudad, es de manifestaciones, pero de todo tipo, no solamente que reclaman algo, sino también manifestaciones artísticas, culturales, de todo tipo.

Científica vinculada al Premio Nobel Mario Molina, desde niña estuvo politizada por sus padres, que participaron en el movimiento estudiantil de 1968 y, cuando estudiaba la licenciatura, fue líder del Consejo Estudiantil Universitario (CEU) en la UNAM, que se opuso a la privatización de la educación pública.

El vínculo con López Obrador surgió tras su victoria como jefe de Gobierno, en el 2000. La invitó como secretaria de Medio Ambiente para, sobre todo, disminuir la contaminación

"El 2018 fue la ruptura de un proyecto de Nación fracasado, porque precisamente por eso triunfa el movimiento que encabeza Andrés Manuel López Obrador".

ambiental en la Ciudad de México, lo que logró en 30 por ciento.

Pero también López Obrador le encomendó a Sheinbaum dos proyectos estratégicos: la construcción de los segundos pisos en un tramo del Periférico, una vía que hasta ahora es gratuita (que contrasta con las de cuota para la española OHL-Aleatica), y el Metrobús, clave en la movilidad capitalina.

Con su lema "Por el bien de todos, primero los pobres" y su planteamiento de La Ciudad de la Esperanza para la capital, López Obrador marcó un claro contraste con el gobierno de Vicente Fox y, en 2004, planteó su *Proyecto Alternativo de Nación,* un libro en el que perfiló las líneas generales de lo que ha aplicado en el gobierno federal.

—Llamaba a su proyecto La Ciudad de la Esperanza y creo que eso fue para la ciudad, un proyecto de esperanza que le abrió la puerta a un proyecto de esperanza para el país —evoca Sheinbaum, quien recuerda que en la capital inició muchas de las acciones que está tomando hoy a nivel nacional.

Los capitalinos, recuerda, tenían mala fama en el resto del país y su gobierno transforma ese concepto:

—Se llegaron a acuñar frases terribles, como "Haz patria y mata un chilango", y cuando Andrés Manuel deja la Ciudad de México, después del desafuero y luego para irse a hacer campaña para presidente de la República, todo mundo quería vivir en la Ciudad de México, porque se volvió La Ciudad de la Esperanza.

Por eso, subraya, hubo una amplia defensa popular de López Obrador cuando fue desaforado por la Cámara de Diputados, en 2005, un proceso impulsado por Vicente Fox:

—Las manifestaciones aquellas del desafuero no se podrían haber dado sin este cariño, que se generó por un gobernante.

LA ESTRECHA RELACIÓN de Sheinbaum con López Obrador tiene poco más de dos décadas. Ella estaba en el Instituto de Ingeniería de la UNAM y trabajando con el Nobel Mario Molina en el estudio de la contaminación atmosférica del Valle de México cuando un amigo suyo, José Barberán, la buscó.

López Obrador había ganado la elección de jefe de Gobierno y buscaba para Medio Ambiente a una persona de izquierda, joven y con conocimiento científico, y le preguntó a Barberán si conocía alguien con ese perfil.

Este le preguntó a Sheinbaum si le interesaba y luego se entrevistó con él, en el restaurante Sanborns de San Ángel de la Ciudad de México.

—¿Qué le dijo por primera vez?

—Fue una conversación muy breve, me llamó y me dijo: "Yo lo que quiero es que bajes la contaminación atmosférica, tú sabes cómo hacer esas cosas. La ciudad tiene un problema de contaminación atmosférica muy grave, yo de ese tema no conozco muy bien cómo se hace, pero sé que es fundamental y tú tienes un reconocimiento, además te llevas con los científicos que se dedican a esto".

—¿En dónde fue?

—En el Sanborns de San Ángel. Ahí lo vi por primera vez.

—¿Con quién estaba, quién más estaba ahí?

—Él estaba, había tenido ahí otra reunión, estaba el compa-

"De ese lado son los privilegios y de este los derechos. De ese lado es la corrupción y de este la honestidad. Esa es la diferencia con el proyecto de Nación derrotado en el 2018".

ñero que antes manejaba su auto, Chuy (Jesús Falcón), y platicó conmigo 15 minutos. Me dijo: "¿Aceptas?", y le dije: "Pues sí, sí acepto, jefe de Gobierno". "Bueno pues intégrate, haz tu equipo, quiero que estas personas te ayuden, que se incorporen, que también saben de estos temas y pues ya, haz un equipo y preséntame un proyecto". Y así empezó.

—¿Quién pagó el café?

—Creo que él.

—¿Él pagó?

—Si mal no me acuerdo.

Tres elecciones presidenciales después, López Obrador llegó a la Presidencia de la República y ha iniciado a instaurar el proyecto de Nación que ha encolerizado a sus adversarios. Destructor, lo llaman, y hasta homicida por los más de 300 mil fallecidos por la pandemia de la COVID-19.

Testigo directo de la concepción e implementación de la Cuarta Transformación, Sheinbaum niega el carácter destructivo del proyecto del que forma parte y aclara que este no puede evaluarse en el contexto de la pandemia, que inició en marzo de 2020.

—Es muy inequitativo hacer las valoraciones de los indicadores sociales después de casi dos años de pandemia, donde cae el PIB en más de 8%, pero no sólo en México sino en el mundo entero, se pierden una cantidad muy importante de empleos y además temas que uno no ve que ocurren en las familias, cuando los niños dejan de ir a la escuela, la madre tiene que dejar el empleo y entonces el ingreso familiar disminuye. Entonces cuando tú haces una encuesta ingreso-gasto en el 2020, en plena pandemia, obviamente hay una disrupción que no puede ser una continuidad de lo que venía ocurriendo para poder hacer un análisis.

Ubica: el planteamiento para reducir la pobreza y disminuir las desigualdades que se ha implementado es garantizar, en primer lugar, el acceso a los derechos y crear un modelo de bienestar en donde todos tengan el acceso mínimo básico que se requiere, como las pensiones.

—En México no hubo una crisis de hambre, porque finalmente se distribuyeron miles y miles de millones de pesos a través de la pensión de adulto mayor, a través de las distintas becas que se otorgan, que permitieron por lo menos un acceso básico que de otra manera no hubiera habido.

Y aquí vuelve a contrastar con el modelo neoliberal:

—Pensemos qué hubiera ocurrido con la pandemia con el sistema viejo, sin una distribución de los recursos como venía habiendo. ¿Qué hubieran hecho? Hubieran apoyado a las grandes empresas pensando, como dice el presidente, que de arriba iba a caer para abajo y eso nunca ha ocurrido.

—Lo propusieron formalmente.

—Lo propusieron formalmente —reafirma ella.

Y sí: el Consejo Coordinador Empresarial, el órgano cúpula

del sector privado, presentó al presidente López Obrador una propuesta de endeudar a México con cuatro puntos del producto interno bruto (PIB) para apoyar a las empresas.

—Entonces hoy México está reconocido internacionalmente porque va a ser de los países que mucho más rápido van a salir adelante no solamente en crecimiento económico, sino en muchos otros indicadores. Y sin deuda, además.

Como parte de los programas contra la pobreza destaca Sembrando Vida: hasta el ministro estadounidense John Kerry "quedó fascinado" cuando lo conoció, porque evita la migración de los productores.

—Un programa como Sembrando Vida, ¿qué es lo que hace? Ahí precisamente en las zonas en donde se había abandonado el campo y la gente migraba o migra, pero que no sea por hambre, que no sea por pobreza. El programa Sembrando Vida, ¿qué es lo que hace? Da un recurso directo al productor para poder tener un apoyo familiar y además todo lo que venga derivado del apoyo al campo. Son millones de personas que lo están recibiendo en este momento.

Sheinbaum subraya que el proyecto de la Cuarta Transformación tiene a la austeridad republicana en el centro para que, antes que una reforma fiscal para crear más impuestos, se reduzca el peso del gobierno al pueblo.

—Y con esos gobiernos mucho más esbeltos podemos liberar recursos para el desarrollo y al mismo tiempo acabando con la corrupción. Por primera vez se sienta eso, pero no solamente como una idea, sino como un precedente y como algo real de que, en efecto, es posible la transformación con un proyecto de austeridad republicana que significa acabar

"¿Quién está pugnando por que regrese ese sistema del pasado? Pues aquellos que perdieron sus grandes privilegios".

con los privilegios, liberar recursos de la corrupción, que la gente pague los impuestos que tiene que pagar sin necesidad de una gran reforma fiscal.

Y ese recurso va a alcanzar para distribuirlo a los programas sociales, que son derechos estipulados en la Constitución de la República, y que cuando López Obrador fue jefe de Gobierno de la Ciudad de México se destinaron a obras para el desarrollo.

—Y ahí se mostró, en términos concretos: hospitales, escuelas, preparatorias, una nueva universidad que no se había construido. En concreto, lo que significa una sociedad de derechos, un Estado de bienestar.

Pero el proyecto de la Cuarta Transformación también genera las condiciones para la inversión privada, nacional y extranjera, como el tratado comercial con América del Norte, conocido como el T-MEC.

—No nos olvidemos que con este gobierno se firmó el T-MEC, que es lo que abre la posibilidad de continuar con las grandes inversiones de lo que fue en su momento el Tratado de Libre Comercio, sin tocar los recursos energéticos, que siempre hemos valorado nosotros como propiedad de la Nación.

Añade que, con el actual gobierno, en la franja fronteriza con Estados Unidos se disminuyó el pago del IVA, del ISR y del precio de las gasolinas, además de que se aumentó en el mayor porcentaje el salario mínimo.

—¿Y por qué se hace? Pues en la idea de que esa puede ser una franja de inversión muy grande de Estados Unidos en México, con todas las posibilidades de disminución que se pueden tener para poder tener un impacto comercial mayor.

Ahora bien, el planteamiento de López Obrador no es sólo para México, ni siquiera para América Latina, sino para todo el continente como potencia económica ante China.

—Entonces no es nada más la repartición de recursos, no es nada más acabar con la corrupción, sino es una visión de futuro para el país, de inversión tanto extranjera como nacional directa en distintas áreas de la economía, inclusive planteando, por ejemplo, la dependencia que se tiene del gas natural, tener la soberanía para que no solamente no suframos los mexicanos en la generación eléctrica, sino los industriales también en términos de la posibilidad de tener gas natural para el desarrollo de la industria en nuestro país.

Esta visión de futuro, por un México menos desigual, es lo que explica las inversiones en el sureste del país, donde históricamente no se había invertido, y ahora están en marcha el Tren Transístmico, el Tren Maya y el programa Sembrando Vida.

—Eran el norte industrializado y el sur pobre. No, ahora va a ser el norte industrializado y el sur que le va a hacer la competencia y el centro con una serie de proyectos como el aeropuerto de Santa Lucía, por ejemplo, que nos va a permitir el desarrollo de una zona central vinculada con servicios y vinculada con turismo. Entonces es una visión de muy largo plazo del país.

Sheinbaum afirma que es errónea "esta idea de que López Obrador es el anacrónico, que ve al pasado, que está buscando aquello que ya no fue: yo veo el proyecto de Nación que se está presentando como un proyecto de mucho futuro para México y poniendo a México en el centro de nuevo de la política exterior, el gran autor de un modelo distinto para atender el tema de la migración, es decir, posicionar a México también como un líder mundial en muchísimos otros temas".

UBICADA como posible candidata a la Presidencia de la República, la jefa de Gobierno de la Ciudad de México esquiva toda pregunta sobre su futuro político, pero no vacila en afirmar que el proyecto de la Cuarta Transformación debe tener continuidad y eso exige responsabilidad.

—De ser candidata y de ganar las elecciones en 2024, ¿darías continuidad a este proyecto o tendrías que hacerle ajustes? ¿Adviertes elementos que no te gustan?

—No te voy a poder contestar esa pregunta como si fuera la candidata o eso porque no, ni es momento de hablar de eso...

—En la hipótesis.

—¿Pero yo qué visualizo para el país? Yo sí creo que tiene que seguirse con el proyecto de la Cuarta Transformación. ¿Qué quiere decir eso? Necesitamos consolidar muchos de los proyectos que va a dejar Andrés Manuel López Obrador, que en seis años se va a haber hecho muchisísimo, pero se requiere la consolidación de eso y también quizá otras cosas que son importantes para el país en la misma lógica.

"Yo soy científica; por ejemplo, a mí me parece que el impulso de la ciencia es importante en el país y del desarrollo tecnológico vinculado a un modelo de desarrollo. Por decir algunas cosas que me parece que tendrían oportunidad en esta visión, pero creo que la esencia del proyecto, este auge que le ha dado a los ferrocarriles AMLO, me parece que tienen también un potencial muy grande para el país, por decir algunos de los temas importantes.

"Yo creo que uno de los grandes temas para el país hoy es el agua, por ejemplo, en distintos lugares, aquí obviamente en la zona metropolitana es un gran tema, pero creo que hoy le está poniendo un énfasis especial al tema de La Laguna el presidente, por lo que significa el arsénico que está saliendo del subsuelo y cómo realmente distribuir el agua de una manera distinta, porque también vivió un proceso de privatización el agua muy fuerte que también hay que revisar, en la perspectiva del derecho al agua, sencillamente en esa perspectiva del derecho al agua".

—¿Falta consolidar entonces el Proyecto Alternativo de Nación?

—Andrés Manuel López Obrador va a pasar a la historia como uno de los grandes transformadores y quizá como uno de los mejores presidentes de México [...] por esta visión de romper con un modelo y crear un modelo nuevo y poder avanzar en seis años... —Se asombra Sheinbaum—: ¡Es que es increíble! Ya nada más con que hubieras dicho elevó el salario mínimo después de su caída y mantenimiento en los mínimos niveles, ya nada más eso, sin impactar en la inflación, porque la inflación que tenemos ahora es global, es mundial, no tiene nada que ver con el incremento al salario mínimo. Ya nada más eso hubiera sido un cambio fundamental en la política del país.

"Me dijo: '¿Aceptas?', y le dije: 'Pues sí, sí acepto, jefe de Gobierno'. 'Bueno pues intégrate, haz tu equipo' ".

La jefa de Gobierno rememora otras medidas de López Obrador en tres años de gobierno: desaparición del Estado Mayor Presidencial, creación de la Guardia Nacional y haber roto con una gran cantidad de negocios al amparo del poder público que permitieron liberar recursos para el desarrollo.

Destaca, en ese sentido, la cualidad de López Obrador de crear un nuevo modelo de pensamiento, contrario también al neoliberalismo.

—Y el neoliberalismo, entre otras cosas, lo que acabó por poner como lo máximo es el poder económico personal. Olvídense del poder económico en términos políticos u otro; es decir, el triunfo viene de tener dinero, una persona exitosa es porque tiene mucho dinero. Y un nuevo modelo de pensamiento es no, eso no necesariamente. O sea, hay muchos otros valores tanto sociales, históricos, como morales, éticos de una persona que son mucho más importantes que acumular y acumular y acumular riqueza.

Y la Cuarta Transformación, destaca Sheinbaum, es también una nueva visión de patria, "porque el neoliberalismo también lo que hizo entre la globalización es que se perdiera la noción del orgullo de ser mexicanos".

Resume:

—El proyecto de López Obrador ahora como presidente de

la República no es solamente su proyecto económico, su proyecto de desarrollo nacional, el proyecto de los grandes derechos, de la consolidación de un Estado de bienestar, sino también lo que significa es una forma distinta de gobernar y un reconocimiento de la grandeza de México frente al mundo. Y yo creo que eso lo ha logrado.

SHEINBAUM tenía 38 años de edad cuando entró al gobierno de López Obrador y 24 cuando participó en el movimiento del CEU, en 1986, que logró frenar la reforma privatizadora del rector Jorge Carpizo y, ante el modelo neoliberal que iniciaba, triunfó la educación como un derecho.

Desde entonces el debate es entre los dos proyectos de Nación, uno de los cuales, el neoliberal que agrupa a los partidos PAN, PRI y PRD, quiere volver para recuperar privilegios.

—¿Cuáles son los grandes privilegios que perdieron? ¡No pagar impuestos! Porque no hay ningún otro privilegio que hayan perdido. El poder decidir sobre el poder político, quizá ese privilegio lo perdieron, ya no se acercan al presidente y el presidente hace lo que ellos le digan que debe hacer o ya no se acercan al presidente para decirle: "Oye, yo necesito que me apoyes en mi empresa, porque fíjate que ando muy mal y entonces dame un contratito para que podamos resolver los problemas". Eso es lo que perdieron.

Porque en términos del Estado de derecho y lo que significa la democracia y la posibilidad de hacer negocios en México no lo perdieron:

—Lo que perdieron es no pagar impuestos, es no poder

hacer negocios al amparo del poder público y, de este lado, lo que se busca es sencillamente la libertad, la democracia y las posibilidades de hacer negocios para la iniciativa privada, siempre y cuando sean honestos y que paguen los impuestos como en cualquier lugar del mundo. Esos son los dos proyectos desde mi perspectiva.

Se trata de un grupo que, además de defender privilegios asido al Estado, es profundamente racista y clasista, como lo han expresado sobre su visión de la Conquista y otras coyunturas históricas.

—Hay un profundo racismo y clasismo que dejó la Colonia en México y que aún no hemos podido desterrar y que también está en ese grupo muy escondido en donde dicen: "¿Cómo es posible que un campesino pueda tomar decisiones?". Pues sí puede tomar decisiones sobre el futuro de la Nación.

Ante los defensores del modelo conservador y hacia el 2024, Sheinbaum está consciente de que Morena, el partido que encabeza la Cuarta Transformación, tiene una responsabilidad de colocar por encima de todo el proyecto.

—Eso es lo más importante, y que no haya rupturas internas defendiendo el gran proyecto de transformación. Esa es una responsabilidad histórica de cada uno de nosotros y defendiendo también el proyecto, porque uno también tiene que defender ese proyecto.

Las gubernaturas conquistadas por la coalición de Morena no son sólo triunfos electorales, sino la evolución del pensamiento político de la sociedad:

—Lo que va creciendo es esta forma de pensamiento que va

rompiendo con una idea de pensamiento neoliberal, en donde el pueblo de México está demostrando que está ahí.

—Los partidos tienen mala fama, ese es un riesgo permanente. ¿Cómo mantener un movimiento que tiene como vía institucional un partido?

—Los partidos son parte del régimen político en el que vivimos, es la manera en que participas más allá de posibles candidaturas independientes, que en México no han cuajado. Pero yo veo en Morena, más allá de que es necesaria su consolidación como partido —porque finalmente Morena se construyó, entre otras cosas, para ganar el 2018—, Morena también es un sentimiento y eso no se lo quitas a nadie.

"En todo caso, los que militamos en Morena tenemos una gran responsabilidad de seguir manteniendo eso, ese sentimiento de transformación y de identidad con un proyecto alternativo de Nación, un proyecto de esperanza".

Marcelo Ebrard

La oposición no ha entendido a AMLO

MARCELO EBRARD CASAUBÓN ya se ha subido al comal caliente de las candidaturas presidenciales en México. Fue en 2012. Se bajó dando brincos. Aceptó su derrota en las encuestas frente a Andrés Manuel López Obrador, quien fue postulado para esa elección por las izquierdas.

Luego vino una zona de turbulencia para Ebrard —cuando terminaba su gestión como jefe de Gobierno de la capital

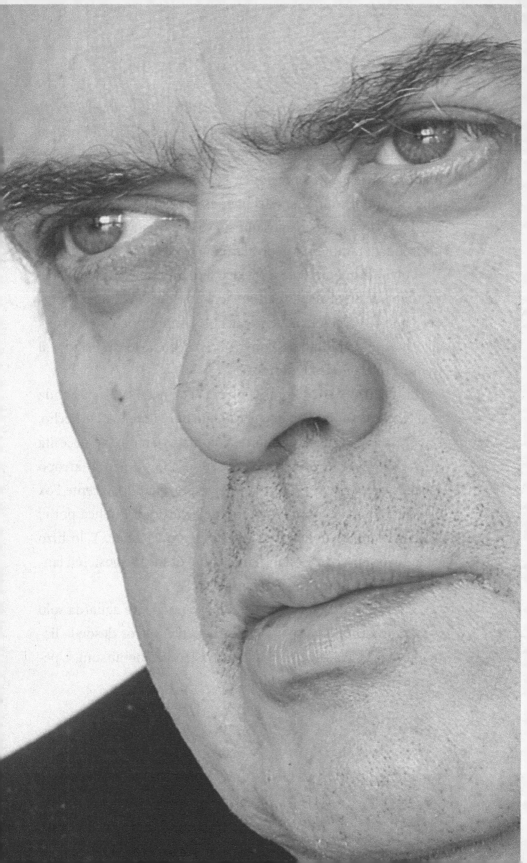

mexicana— hasta que, en 2015, le cerraron las posibilidades de contender incluso para una diputación. Le estorbaba a Enrique Peña Nieto, a Miguel Ángel Osorio Chong y a Miguel Ángel Mancera. Y él ya no tenía poder. Perdió ese episodio de su vida ante ellos y terminó fuera del país, en un exilio voluntario para quedar a salvo de las manos que no sólo le frustraron cualquier posibilidad: también lo acorralaron.

Volvió discretamente a México a finales de 2017 y en 2018 ya estaba de lleno en el proyecto ganador: ese año, López Obrador ganó la Presidencia de México. Y con un poco de suerte y algo más de habilidad, se convirtió en secretario de Estado, al frente de Relaciones Exteriores.

Entre 2023 y 2024 Ebrard volverá al comal. Será su segunda vez. Nadie se sube a la plancha caliente por la fuerza. De hecho, se necesita algo más que suerte, voluntad y arrojo. Se necesita proyecto. Y ese lo construyó López Obrador, quien lo arropó muchas veces antes. Lo hizo, por ejemplo, cuando Vicente Fox Quesada lo echó como secretario de Seguridad Pública por el linchamiento de policías en la delegación Tláhuac. Y lo hizo cuando lo acosaban y estaba en el exilio: desde la oposición lanzó un mensaje duro en su defensa.

Ahora Ebrard está frente al comal, aunque no aguarda solo —y esa es otra historia— a que se caliente. Otros desde la llamada Cuarta Transformación, como Claudia Sheinbaum, esperan su oportunidad para saltar.

SON LAS 12 DEL MEDIODÍA del viernes 17 de diciembre de 2021. El cielo es una lona gris sobre la capital y el año se acaba. En el piso 22 de la Cancillería, en un salón lleno de banderas y sobre una mesa ceremoniosa y de madera, Ebrard entrecruza los dedos y ve por encima de los lentes. Antes de empezar la entrevista hemos comentado algo sobre la desigualdad, la pobreza y el último economista famoso de izquierda que las analiza: Thomas Piketty. Para iniciar se le plantea —y coincide— que hay dos proyectos que se disputan la Nación y están muy bien definidos, quizás como pocas veces en la historia de México.

—Yo creo que básicamente la propuesta que ha encabezado Andrés Manuel significa avanzar hacia un acuerdo social. ¿Sustentado en qué? Primero, en el ejercicio de la democracia directa, es decir, un régimen mucho más democrático, que ha sido un viejo debate entre los conservadores y las fuerzas más progresistas. Entonces las consultas, la participación directa, la transparencia en las conferencias todos los días en la mañana, etcétera, todo eso va en esa dirección. Un ejercicio de austeridad permanente, erradicar la corrupción que, en esencia, es privilegio.

”Entonces, la propuesta es que tengas una convivencia democrática basada en lo que acabo de decir; que excluyas de la vida pública el privilegio, significado por la corrupción y por las condonaciones de impuestos y por un sinfín de privilegios que siempre van en contra de lo que sería este acuerdo social. Porque, ¿qué nivel de privilegios puede aceptar un acuerdo social?

”En síntesis”, continúa el canciller, “el otro gran tema es la igualdad. No puede haber un acuerdo si no hay igualdad. Digamos que esa es la constante de la historia de México y del mundo. Entonces lo que dice Andrés es: 'Bueno, simplemente regresemos a Morelos'. Eres la principal potencia industrial exportadora de América Latina y tienes 60 millones de personas en la pobreza, ¿cómo puede ser?".

Lo que el presidente está planteando, dice su canciller, es que eso cambie. Y "eso significa recuperar tus raíces de las civilizaciones mesoamericanas; significa una recuperación de una visión de ti mismo, porque la visión que se había impuesto era muy secundaria. Ese discurso de Peña Nieto en Londres, pidiéndoles al G8 que por favor vengan a invertir para sacar el petróleo del Golfo de México, cuando en México no se había presentado todavía la reforma constitucional, ese fue como el clímax de una visión subordinada, secundaria, maquilista de México".

La visión de López Obrador, señala, es de "un México capaz de salir adelante, defender su propio proyecto y defender sus intereses. Yo diría que eso lo puedes llamar nacionalismo, pero en realidad es una visión de ti mismo; en vez de mimetizarte con lo que esté de moda. Un tiempo fue: 'Vamos a hacer lo que diga el consenso de Washington'".

Y el otro proyecto, se dice Marcelo Ebrard, "¿Por qué está agotado?". Y se contesta: "Porque se les cayó su Muro de Berlín. O sea, los resultados son devastadores. Y les recomiendo mucho, aunque todos nosotros seguimos y leemos a Piketty y a otros autores que han demostrado que los últimos 30 años ha sido una regresión sin precedentes en lo que hace a la desigualdad en todo el mundo.

"Lo que ofreció el modelo neoliberal", agrega, "es básicamente desregulatorio; reducir al Estado, privatizaciones, etcétera, etcétera, etcétera. ¿Acabó en qué? En una desigualdad muy grande, en una desigualdad creciente; insostenible, diría yo. Entonces, la pandemia es el *desideratum*. Es la muestra. Decía el secretario general de la ONU: 'Creció la pobreza en el mundo, con 223 millones de personas viviendo con menos de dos dólares al día'.

"Ese modelo y esa propuesta quebró por sus resultados. Hoy no tiene credibilidad en el mundo. Entonces, ¿qué se requiere? Pues lo que está haciendo Andrés: vamos a definir nuestro propio acuerdo social y vamos a llevarlo a cabo; nuestra respuesta frente a eso, nuestra propia respuesta. Porque no es el modelo de otro país, no podríamos decir que es lo mismo en otros países".

—¿Cómo mantener un proyecto tan ambicioso después de 2024? —se le pregunta—. Porque en México esos ciclos terminan con políticas, terminan con oficinas, con todo.

—Claro. Es decir, ¿cuál sería la diferencia entre un ciclo sexenal y un proyecto más?

—Así es.

—Hay un primer componente. Por supuesto que es con todas las reformas constitucionales y de diseño institucional en

"Hay otros que lo que defienden es una forma de relación con el poder, donde tenían muchos privilegios, mucha influencia que ya no existe".

curso que va a ser muy difícil de revertirlas porque tendrías que tener un consenso de dos terceras partes del país para decir: "Ya no vamos a hacer eso". No quiere decir que sean imposibles de modificar, pero serían difíciles de modificar.

"También una nueva conformación de fuerzas políticas. Las fuerzas políticas que sostienen la otra idea son minoritarias, y además están en crisis. De hecho hoy no encuentras una personalidad que te defienda el modelo alterno. Es muy interesante. Todas las reacciones son en contra de lo que se está haciendo, pero bueno, ¿qué es lo que ustedes proponen? ¿Cómo se va a llevar a cabo? ¿Por qué es mejor? Es más, no han hecho ni la revisión autocrítica de por qué lo que defendieron fracasó.

"Yo diría un segundo tema que también es relevante: la conformación de una coalición más mayoritaria, muy amplia, en favor del proyecto en curso. ¿Puede cambiar? Claro. La política tiene cambios, pero hoy por hoy, pareciera ser que es una coalición que puede perdurar un tiempo importante, más allá del sexenio.

"Y una tercera, que el presidente menciona muchas veces, que me parece decisiva: nuestra idea de la política cambió. Para ponerlo en un término más concreto, la forma en que vemos al poder, lo que consideramos, nuestra tolerancia al privilegio, cambió. La tolerancia de la sociedad mexicana a prácticas de corrupción y de privilegios también se transformó. La exigencia de información es distinta".

"Yo pienso", entonces agrega, "que el presidente ha tenido un impacto más allá de su función constitucional en el cambio de la idea política, en nuestra relación con la política en México. Pareciera muy difícil el suponer que se va a poder regresar a un estadio anterior a ese estado de conciencia política".

—¿Y qué dice que Claudio X. González, hijo de un magnate y dirigente empresarial, juntara a los actores políticos de oposición y lograra que pudieran formar una coalición electoral en la elección del 2021?

—Habrá que ver qué es lo que propone. Pero yo diría que, en esencia, lo que he estado yo viendo es su ataque a diferentes tipos de iniciativas que ha tomado el actual gobierno. Está en su derecho, por supuesto, en todo su derecho. Pero de ahí a que plantees un modelo alternativo, yo francamente lo dudo.

"Porque además ellos provienen de un ejercicio que ya se llevó a cabo y, ¿condujo a qué? Se decía: 'Bueno, si tienes una alternancia en el poder, pues vas a tener mayor transparencia; si tienes órganos autónomos vas a tener mejor equilibrio de poderes, va a ser en favor de los ciudadanos'. Un conjunto de iniciativas que llevaron a cabo y que, ya que hablamos de ellas ahora, tuvieron resultados contrarios. No creo que en la historia de México se haya visto un fenómeno de corrupción como el que vimos la última década. Nunca en la historia. A eso condujo. Entonces, [para] plantear un modelo alternativo te tendrías que salir de lo que ya promoviste y ya hiciste; tendría que ser algo nuevo. Pregunta: ¿podrán ellos, que defienden intereses muy específicos, plantearle algo nuevo a México cuando gobernaron hasta hace muy poco? Yo lo dudo. No, alternativo no va a ser.

"Por eso dice el presidente: 'Es regresar a mucho de lo que ya vivimos'. Con justa razón. Porque venimos de ahí, venimos saliendo de ahí. Entonces veo muy complicado para ellos plantear algo alternativo. Más a esos personajes. Tendrían que ser personajes nuevos no vinculados a lo que ha ocurrido en los últimos 30 años que menciona el presidente, la etapa neoliberal".

—Por el otro lado, hay muchos frentes abiertos en la actual administración; mucha la tarea también. Está la economía; la necesidad de reconvertir la economía, voltearla hacia la gente que tiene menos; empujar el salario después de 40 años de estarlo aplastando. Está el frente político. Está el frente de los empresarios: hay una élite que está decidida a que esto termine ya, y volverse a instalar en el poder.

—Sí, a ver. El diseño económico que plantea el presidente, ¿qué es? Vamos a ver, y la mejor síntesis me la hizo uno de los directivos quizá de uno de los fondos de inversión más grandes del mundo…

—¿Larry Fink?

—Sí. Le decía: "¿Tú cómo ves a México?" Y él me dijo: "Mira, yo veo a México como un país con un gran potencial de crecimiento. Le va a ir muy bien. Tiene disciplina fiscal el presidente López Obrador. Por eso, tiene credibilidad en el fondo. A nosotros nos dijeron que iba a ser un desorden fiscal, que la deuda se iba a disparar, que iba a gastar por todos lados. Es

"En realidad, lo que representa el presidente es un cambio mayor en la forma en que la sociedad mexicana piensa que debe organizarse el poder".

un hombre muy ordenado. Incluso en la pandemia: él tomó la decisión de no contraer deuda. Se opuso en ese momento a todos los comentarios y la opinión en México de los especialistas, ¿no? Dos: tiene un ahorro interno muy alto. Ve a las Afores. Por lo menos ya hay [el equivalente a] 15 por ciento de producto interno bruto. Es enorme. Tienen una serie de recursos. O sea, se ve un escenario favorable. Tienen ya su acuerdo de libre comercio con Estados Unidos, que también se apostó que no se iba a llevar a cabo; está funcionando. Hay diferencias, ahora Estados Unidos quiere poner una especie de apoyo a quienes compren vehículos hechos en Estados Unidos, Canadá a lo mejor puede tomar otras medidas, etcétera. Pero hay cómo resolverlos. Tienes páneles. Hay forma de resolverlos. De suerte que ese acuerdo comercial que ustedes tienen, pues es un activo enorme hoy en día en todo el mundo porque Estados Unidos sigue siendo la economía más grande del mundo".

"Entonces, síntesis", continúa Ebrard, "la visión que tienes fuera, en grupos muy grandes de inversión, sorprendentemente difiere de las representaciones en México de algunos sectores del empresariado. No de todos, pero yo diría de algunos. O sea, no coincide porque a veces suponemos que coincide, pero no necesariamente. Y no coincide porque hay una visión más objetiva.

"El papel de México hoy, o las expectativas sobre México hoy, son mucho más favorables de lo que internamente se dice", apunta Ebrard. "Casi estamos en búsqueda de la crisis siguiente, ¿no? Muchas veces los comentarios [son]", y ríe: " 'Se va a caer el peso, va a pasar esto'. Bueno, pregunta ahora. No quiere decir que todo lo que haga el gobierno se ve bien en todos lados, hay decisiones que afectan intereses. La Reforma Eléctrica es una de ellas. Hay empresas que han ganado muchísimo dinero o que están participando en condiciones de privilegio, que están pagando una tarifa más baja cuando realmente no debería ser, en fin. Pero yo diría que la visión que yo advierto en los principales fondos de inversión no coincide con lo que ves en algunas de las críticas aquí en México, porque no tienen visión de largo plazo. Son muy cortoplacistas".

El canciller dice que no cree que el proyecto de la llamada Cuarta Transformación termine en el sexenio de López Obrador porque "la coalición de fuerza en torno a este proyecto ha crecido; bueno, encuestas te lo dicen: la aceptación del presidente, 70 por ciento. Bueno, es su personalidad; es su forma de comunicarse, pero esencialmente es un respaldo a un proyecto en curso. ¿Por qué habría de cambiar eso?

"Parte de las élites mexicanas no ha entendido qué pasó desde que ganó Andrés. Traen un problema de incomprensión política desde hace ya rato. Basta ver los comentarios sobre el nivel de aceptación; por qué ese nivel de aceptación. Comentarios muy superficiales. Evidentemente el presidente está con una pandemia, está haciendo muy buen trabajo, está comunicando bien y tiene resultados. Algo está sucediendo en la sociedad mexicana que está cambiando la coalición de fuerzas del país. Ese sería mi punto de vista. ¿Quiere decir que no va a haber competencia con la oposición? Sí va a haber.

"Pensar que se va a agotar en un año o dos años: ¿por qué habría de ser así? Son proyectos a largo alcance, tienen efectos estructurales, tienes adeptos y gente que cree lo mismo. No es nada más una cosa de corto plazo. Pienso así".

—Hay grupos que se compraron el rol de oposición: intelectuales, ciertos medios, PAN, PRI. Y al mismo tiempo muere la Alianza Federalista. ¿Cómo se va a lidiar con eso a futuro?

—Respeto mucho a la gente que estudia. Se dedica a pensar y por supuesto hay quienes están vinculados. Habrá quienes se opongan porque simplemente no pueden aceptar que estaban equivocados. Hay personas que simplemente dicen: "No es posible que yo toda mi vida sostuve lo contrario y ahora la realidad me está demostrando que estaba yo equivocado". Eso es una parte.

"Hay otros que lo que defienden es una forma de relación con el poder, donde tenían muchos privilegios, mucha influencia que ya no existe. Pero no es un problema con el presidente López Obrador, es un problema de que la sociedad cambió y entonces resignarse a no tener ese rol que se tenía, muy privilegiado, se resisten con todo, ¿no? Claro, culpan al presidente de ello, pero en realidad lo que representa el presidente es un cambio mayor en la forma en que la sociedad mexicana piensa que debe organizarse el poder.

"El ataque a Andrés también es una revuelta contra el nuevo siglo, contra el siglo XXI, contra las nuevas formas políticas. 'Oye, ¿por qué se atreve a hablar diario él, directo con la población?'. Bueno, pues fíjate que estamos en una época digital, mano. Entonces las representaciones cambiaron, se debilitaron las representaciones, el mundo de la política de pronto tuvo que abrir las puertas, ¿no? Un poco lo que dice Andrés en sus conferencias, que tiene razón. Entonces él entendió eso. Las élites no. Parte de las élites todavía no lo aceptan, no lo quieren aceptar pero es inevitable; eso ya es imposible de revertir; ahora qué

"El ataque a Andrés también es una revuelta contra el nuevo siglo, contra el siglo XXI, contra las nuevas formas políticas".

podemos pensar, que ¿vamos a regresar a un mundo político en donde la representación política representa, es un imaginario del pueblo y el pueblo ya no tiene maneras de informarse directamente? Lo veo imposible. ¿Podemos regresar a un mundo en donde los medios más tradicionales dominaban la conversación política? No, porque las redes son las que lo dominan hoy en día, o sea, los ciudadanos. Entonces ya eso no. Eso llegó para quedarse y están en revuelta contra eso".

—¿En revuelta?

—Sí.

—Y es una revuelta contra sí mismos, al final.

—Están inconformes con un cambio que hubo, que es irreversible, significado por un nuevo tipo de comunicación política. Cuando el presidente dice: "Vamos a una consulta" o "Vamos a preguntar" o "Díganme qué", si algo caracteriza a esta época, y tú lo ves en las redes, es el deseo de participación y de opinión.

—Y sin embargo, canciller, el presidente finaliza su periodo tan pronto como septiembre de 2024. Estamos hablando de una persona, en este caso del presidente, del líder de un movimiento. Pero el proyecto no se agota cuando él termina su periodo…

—No.

—…Y el asunto es: tiene que continuar más allá de quién

encabece el proyecto. Tiene que continuar, con ajustes muy probablemente...

—Tienes que seguir adelante. Cuando hay acciones de gobierno que tienen una implicación estructural tienden a durar mucho tiempo, que es un tema también de ideología y de ideas...

—Correcto.

—Cuando se implementó el neoliberalismo en todo el mundo, porque fue prácticamente generalizado, bueno hasta en la Unión Soviética, eran las ideas predominantes; tuviste una secuencia ideológica de que el Estado no funciona, etcétera. Todo lo que era público estaba mal. Todo lo que era privado estaba bien. En fin. O sea, fue toda una operación ideológica y política.

"Hoy en día, en México, lo que tienes son ideas predominantes con gran aceptación pública. ¿Van a perdurar? Sí. ¿La forma política de comunicación va a perdurar? Sí. ¿La dirección que lleva y que está ya en diferentes instituciones y en otro tipo de relación con la sociedad va a perdurar? Yo diría: sí o sí. Independientemente de las personas, quien se quiera oponer a eso va a fracasar políticamente, sin duda.

"Entonces yo veo que esa transformación que ha encabezado el presidente va a perdurar, sin lugar a dudas, porque tiene una coalición mayoritaria muy importante y tienes resultados".

—Hubo una batida muy exitosa en contra de lo público. El Estado se tiene que adelgazar, las universidades públicas son una basura, están educando para mandar profesionistas básicamente a ser albañiles. Y fue muy exitosa.

—Pues acuérdate, Zedillo. Ahorita me acordé. Zedillo en la discusión de las cuotas a la UNAM, ¿no? Y otros, que había que cobrar en la UNAM. ¿Por qué? Porque no debía ser gratuita. O sea, bueno, casi cambiarle la naturaleza a la Universidad.

—Ahora, todo eso que se hizo, fue muy exitoso.

—Y les favoreció la caída de la Unión Soviética y de otros regímenes.

—Otro paradigma que fracasó.

—Entonces te quedaste como el único argumento político.

—¿Y ahora cómo reviertes todo eso? Porque ni en tres ni en seis años.

—Estaba pensando el otro día en términos de la reunión del Consejo de Seguridad de la ONU —dice Marcelo Ebrard—. Bueno, ¿y eso qué tiene que ver? En el Consejo de Seguridad todo mundo dice lo políticamente correcto. Bueno, desde los temas, ¿no? Porque si quieres meter un tema disruptivo, "¡No!, ¡oye!, ¿por qué quieres hablar de eso si aquí estamos hablando de otra cosa?".

"Entonces llega Andrés y les dice: 'A ver, en buen plan, no se vayan a ofender, pero este Consejo se hizo para mantener la paz y la principal amenaza a la paz hoy no es Irán; no es el conflicto que va a haber en Irak, ahora que se retire Estados Unidos. O Corea del Norte, etcétera, etcétera, etcétera. Son graves conflictos, pero no: el principal conflicto que tenemos es el crecimiento desmedido de la pobreza, del número de personas que viven con dos dólares o menos'. Es que es increíble que de eso no se hable. Entonces dice Andrés: 'Si tomamos las principales corporaciones del mundo y que nos den el cuatro por ciento del ingreso que ganaron en esta pandemia; tomamos a los más ricos, a los millonarios y los países del G20 que son los más grandes, incluyendo México, que es parte del G20. Ponemos el punto dos de nuestro producto interno bruto. Podríamos apoyar a entre 750 y 980 millones de personas para que no tengan dos dólares, sino tengan cuatro o seis dólares, que para ellos es cambiarles la vida'.

"¿Por qué te lo comento? Porque en ese Consejo nunca se había dicho eso, nunca o que yo recuerde. Entonces fue sorpresivo, ¿no? Alguno por ahí dijo: 'Oye, ¿pero por qué ese tema lo traes aquí?'. Pues porque es la base de la paz. Vamos a tener conflictos muy graves porque esas personas no van a estar conformes, con toda razón, por esta injusticia.

"¿Qué quiere decir esto? El tema que se está planteando, que está planteando Andrés Manuel López Obrador, está empezando a ejercer o a simbolizar la nueva, digamos, idea primordial sobre la igualdad y cómo organizarla como preocupación principal. *Vis à vis* lo que fue la globalización, que con el puro crecimiento económico íbamos a ser felices todo mundo. Es otra idea, ¿no? No quiere decir que aspiremos a convertirnos en el paradigma alternativo nosotros solos; pero sí está teniendo un impacto global que a veces no advertimos.

"Tan es así que saliendo de esa reunión, del Consejo de Seguridad, a los días subsecuentes nos llamaron varios países del mundo como la India, buena parte de África, la Unión Africana; también gente de Estados Unidos. 'Oye, qué interesante, mándame el plan'. Y yo no lo esperaba, porque es el inicio de una conversación mundial cifrada en un tema distinto al que se había instalado desde el famoso Consenso de Washington.

"Puede ser algo que tenga una repercusión muchísimo mayor, que no tiene que ver con la disputa entre China y Estados

Unidos sino que tiene que ver con cuál es la idea o la prioridad, o qué ideas vamos a conversar en conjunto los próximos años, a pesar de las diferencias geopolíticas entre países y demás. Es decir, no es el modelo de China contra el de Estados Unidos: es la preocupación colocada en el centro de la igualdad".

—Lo que concitó en el ámbito opositor fue la burla.

—Siguen sin entenderle. O sea, están minimizando el impacto que tuvo, primero; segundo, no están viendo la relevancia que tiene este tema y, ¿qué les molesta? ¿Qué defienden? Las formas. Es decir: en varios de los comentarios que vi, es: "¿Pero cómo plantearon eso en el Consejo? Váyanse a la Asamblea".

"A ver, ¿por qué lo planteamos en el Consejo? Porque preside México. Vamos a empezar por ahí. No, pero 'No quiero reconocer que México preside porque entonces concedo que el presidente López Obrador tiene una gran importancia internacional y llevo tres años diciendo que es un aldeano, que no ha salido de Tabasco, que cómo va a tener influencia afuera, que no viaja'. Ahora resulta que va al Consejo de Seguridad, lo preside y les da un mensaje que cala, porque no es un mensaje, nada más de decir: 'Oigan, hay que preocuparnos por la pobreza', que eso es importante, sino decir: 'El eje de la paz internacional es la igualdad'. Y no es un asunto menor.

"No pueden reconocerlo porque, otra vez, quiere decir que están equivocados. Si tú reconoces que México está teniendo ese rol, pues entonces no es verdad todo lo que vienes diciendo hace tres años o más. ¿Qué recuerdas tú de la participación de México en el Consejo de Seguridad en el gobierno de Felipe Calderón? ¿Te acuerdas de algo? Bueno, ni sabíamos que había estado ahí, ¿no? ¿Tú te acordabas? Esto sí se va a

"¿Por qué se atreve a hablar diario él, directo con la población? Bueno, pues estamos en una época digital. Las representaciones cambiaron, el mundo de la política de pronto tuvo que abrir las puertas".

recordar porque dijimos algo. Dijo el presidente algo que tiene una repercusión y que es la esperanza de millones de personas en el mundo. Estás hablando de mil millones de personas con menos de dos dólares al día. ¿Tú qué crees que piensen?".

—¿Se tomó como burla porque hay deshonestidad intelectual?

—Pues tienes que defender el viejo orden, ¿no?

—¿Son los defensores del viejo orden? ¿Los del otro proyecto?

—No pueden aceptar que cambiaron muchas cosas. Pero yo diría: hay implícita una idea de enanismo en la presencia internacional de México. De ser un país secundario. "¿Por qué andamos planteando cosas tan importantes?".

Curiosamente, dice el canciller, "pienso que les sorprendió Andrés Manuel porque no pensaban que él fuera al Consejo de Seguridad de la ONU a hablar de esto ni de nada. Porque la tesis era: 'No va a tener presencia internacional'. También nos pasó con CELAC. Todos los líderes vinieron. Oye, hubo una discusión de Uruguay con [Nicolás] Maduro. Bueno, pero, ¡hombre!

"Me dijo el de la Unión Europea: 'Nosotros en Europa tenemos unas [discusiones] peores que las de ustedes, pero aquí hacen un escándalo tremendo'. Me dijo: 'El último debate que tuvimos con Hungría y demás estuvo tremendo, el de ustedes va a ser terrible. Y yo lo vi muy sano; yo me dije que qué buena onda, estos cuates se llevan bien'.

"Todos los dirigentes vinieron porque se reconoce un rol a México; el rol que tuvo en Bolivia, el rol que tiene en otras iniciativas. El propio sistema que organizó el presidente para donarles vacunas. Esas iniciativas están teniendo una repercusión.

"Muchas de estas críticas que yo vi son [de que] no le reconocen a México. Piensan que México no debe jugar de esa forma, que debería ser nada más lo que llegamos a ser en el sexenio anterior, de Enrique Peña. Hasta vergonzoso, diría yo.

"Bueno, hoy no es así. Acaba de estar el presidente en la Cumbre de América del Norte: fue un diálogo muy interesante, otra vez. ¿Cuál fue el eje? La igualdad".

—El tema es los cómo.

—Yo nunca había visto un presidente que fuera a ver todas las instalaciones del Seguro Social en todo el país. Ha sido hasta conmovedor el compromiso del presidente en eso. Nunca había pasado. No lo digo como argumento político sino humano. O sea, no tienes fines de semana, te vas a ver las clínicas. Te habla de un compromiso muy fuerte. Medicamentos gratuitos y un sistema de salud que funcione de manera universal. Yo creo que eso es lo que él quiere organizar.

"El sistema educativo: abrir las posibilidades para educación superior porque se hizo un embudo. Te decían, como en la UNAM: 'No, pues no entraste, mano, porque sacaste nueve'.

'¿Cómo, saqué nueve y no entré?'. 'No, pues nada más. Como hay tantos, pues entraron los de diez'.

"No sólo educación superior, [sino] todo el sistema educativo para él es una preocupación central. La contribución fiscal, ¿cómo es posible que México tenga una contribución fiscal de sólo el 13 por ciento del producto? En los países europeos es del 52. '¡Oye, pero no somos como Europa!'. Perfecto, entonces el panorama en América Latina es 20. ¿Eso qué significa? Que hay una evasión fiscal, que no hay una contribución fiscal proporcional. Por eso la batalla que está dando para incrementar la aportación fiscal. Alguien no está pagando eso. No va a ser sencillo, te vas a pelear con alguien.

"La autonomía de la energía; por qué es el ancla para la inflación, ahora que estamos viviendo una época inflacionaria. También dijeron que era imposible. Lo de las refinerías. Estados Unidos tiene 400 refinerías, ¿nosotros tenemos cuántas? Entonces, ¿qué dice? 'Bueno, pues vamos a hacer nuestra refinería porque tenemos petróleo'. Podemos regular el precio de la gasolina que determina la inflación, en buena medida. Lo de la Comisión Federal de Electricidad, lo mismo. La Reforma Eléctrica…

"La igualdad, ¿cómo la logras? Bueno dice él [López Obrador]: 'Hay una competencia económica tremenda, tenemos un acuerdo con Estados Unidos. Pues integremos nuestras cadenas de valor. Agrégale valor o permítenos agregarle valor a la economía de México y con eso sí podemos lograrlo o aspirar a que la pobreza en México se vaya cerrando, se vaya reduciendo sustancialmente'. ¿De qué estás hablando?, ¿de la mitad de la población? Es increíble".

"¿Podemos regresar a un mundo en donde los medios más tradicionales dominaban la conversación política? No, porque las Redes son las que lo dominan hoy en día, o sea, los ciudadanos.

—O un poco más.

—Mientras logramos eso, ¿qué es lo que está haciendo Andrés? El apoyo a adultos mayores. Una de las grandes causas de la izquierda en todo el mundo fue el sistema de pensiones, él lo instrumentó aquí. Apoyar a los que están en una situación más frágil en lo que podemos corregir la monstruosa desigualdad en la que vivimos. Ese impulso por la igualdad es el impulso esencial de la Cuarta Transformación.

—Y está el cuándo.

—Pues desde ahorita, ya. Estás con todas esas inversiones, nunca se había hecho una inversión tan grande en términos sociales.

—Porque la pobreza acabó con el modelo neoliberal.

—La pobreza es inaceptable éticamente.

Marcelo Ebrard empieza a ver el reloj.

—Canciller, ¿cómo define el momento político que vivimos? Esta disputa por la Nación.

—Tienes un modelo avanzado, López Obrador dice liberal, cuyos ejes son los que ya describí; y tienes otro que es un modelo más conservador, que pretendería reducir la participación del conjunto de la sociedad en las decisiones. El proyecto conservador tiene sus objetivos; el proyecto que encabeza Andrés Manuel tiene el objetivo de la igualdad. Es la vieja discusión política en nuestras sociedades. Y en Occidente también.

—Liberales y conservadores.

—Sí. Son ideas contrapuestas y afortunadamente al día de hoy yo veo que la coalición mayoritaria de fuerzas, el sentir del conjunto de la sociedad va en favor de la igualdad, favor del proyecto que encabeza y ha propuesto Andrés Manuel. Y eso no creo que vaya a cambiar en el corto plazo. Es más, ni en el mediano. Esto se va a consolidar.

"La derecha no quiere llamarse derecha, pero es derecha. Esa es una ventaja estratégica para la Cuarta Transformación, porque cada vez que les dices: 'Bueno, ustedes son la derecha', [responden:] '¡Ay, no, no, no me digan eso!'. 'Bueno, entonces cámbiate para acá, ¿qué haces allá de aquel lado? Allá es la derecha'.

"Por ejemplo el PRI: 'Bueno, yo soy de centro izquierda'. '¡Ah!, ¿entonces vas a apoyar la propuesta de la Reforma Eléctrica, que además va en línea con lo que se implementó con el presidente López Mateos? ¿Eso significa?'. 'No, eso no significa'. 'Bueno, ¿pues entonces de qué hablas, mano?, tú eres de derecha'. Así estas cosas".

—No le conviene al país una oposición desmantelada.

—Yo creo que va a tardar un poco en modificarse eso. No sé cuánto tiempo exactamente porque todavía no han leído por qué perdieron. O sea, si tú no te respondes por qué perdiste, la segunda pregunta sería: "Bueno, ¿y entonces por qué ganó este señor?". ¿Pues cómo vas a ser efectivo, mano?, ¿cómo te vas a…? No lo aceptan todavía. Tienes que asumir que la sociedad cambió. Las cosas que ustedes defienden ya no tienen el apoyo de muchos sectores. Veo que la dificultad para organizarse va a pasar por eso.

Y LA PREGUNTA que seguramente recibirá en los siguientes dos años: ¿Está preparado para lo que vendrá en 2024? Porque la verdadera batalla, a juzgar por las encuestas, ni siquiera será fuera de Morena. Será dentro. Y lo sabe.

—Hay que estar siempre preparados —dice con seguridad—. Desde que empecé a trabajar con Andrés. Mira, la conversación que recuerdo muy seguido, ahora que me hablas de esto, es en el año 2000, que yo era candidato a jefe de Gobierno y él [el hoy presidente] también. Claro, yo con un partido nuevo que éramos muy poquitos. Y tuvimos una conversación muy buena, y le dije: "A ver, Andrés, yo creo, yo lo que pienso, te vamos a apoyar. Porque si no, lo que va a pasar es que va a ganar el PAN. Con todo lo que signifique, yo prefiero apoyarte a ti. ¿Por qué? Porque tienes razón en lo que estás diciendo. Me gusta lo que estás diciendo. Podemos tener alguna diferencia en algunas cosas pero no soy incondicional tuyo, soy tu compañero y yo creo que en lo que estás planteando tienes razón. Hay que apoyarte". Eso fue en el 2000.

"Imagínate tú si no estamos; si no estoy preparado, pues, para defender esa decisión que tomé. Pues, este, esta es toda mi vida. Todo lo que lleva este siglo apoyando a Andrés. Luego nos pasó, ya sabes, en 2005. Me acuerdo de la conversación del desafuero. '¡Hijo! Van a venir por ti, porque me destituyó [Vicente] Fox. ¿No te acuerdas? Me quería llevar al bote'.

"Entonces le dije: 'Sigues tú, mano. Estos cuates van a querer… porque no son demócratas, o sea, no pueden aceptar que llegues. El diseño es que sea PRI-PAN, no que llegue la izquierda'.

"Es maravilloso haber participado en todo esto hasta donde estamos ahorita. Ha sido un gran privilegio y en 2024 lo que tenemos que cuidar es que, por encima de todo, predomine el proyecto. Esa debe ser nuestra meta: que esto trascienda, que se consolide. Eso es. Y hay que estar preparados para eso. Lo he estado desde ese momento hasta hoy".

Rocío Nahle

Son un grupúsculo que se aferra a seguir succionando del presupuesto

Rocío Nahle García cuenta que cuando asumió la Secretaría de Energía —donde estuvieron Felipe Calderón y Georgina Kessel antes de pasar a la nómina de la trasnacional española Iberdrola— encontró una extendida podredumbre:

—Es un sector que estaba invadido de corrupción. Todas las áreas, todas las empresas, todos los organismos se han tenido que ir depurando poco a poco; se ha tenido que ir limpiando esto. Y es un trabajo de día a día, día a día.

Nahle cuenta que después de que Ernesto Martens, Jesús Reyes Heroles, José Antonio Meade, Jordy Herrera y Pedro Joaquín Coldwell fueron secretarios, en gobiernos del PRI y PAN, varios organismos y empresas extranjeras habían instalado oficinas dentro del mismo edificio. Y tuvo que echar a los invasores.

—No podía ser —dice arqueando las cejas, asombrada—. Se les mandó a sus embajadas. No sé qué estaban haciendo aquí, pero tenían que salir.

Luego de tres años como responsable de la conducción de Petróleos Mexicanos (Pemex) y la Comisión Federal de Electricidad (CFE), estratégicas para el desarrollo nacional, y de ser la primera mujer ingeniera química que está al frente de la Sener, Nahle dice que en el sector energético se expresan claramente los dos proyectos que se disputan, en este momento, los destinos de la Nación.

Un proyecto es el de la Cuarta Transformación, que lidera el presidente Andrés Manuel López Obrador y del que ella forma parte; y el otro es el antagónico, que define como "un grupúsculo" neoliberal que se benefició durante más de tres décadas:

—Un grupúsculo. Porque así lo voy a llamar: un grupúsculo que se aferra a seguir succionando el presupuesto, succionando recursos naturales; creando este abismo, esta diferencia social y económica. Y nosotros, que estamos empujando hacia un Estado progresista, un Estado donde podamos salir del bache en que nos dejaron.

Nahle es la responsable de la refinería "Olmeca" de Dos Bocas, Tabasco, obra emblemática del gobierno de López Obrador y construida en tiempo récord para ser inaugurada en julio de 2022, cuatro décadas después de que se edificó la anterior.

—Esa élite debe entender que ya se acabaron los excesos y que sin duda para el 2024 el pueblo va a valorar los hechos de seis años, el trabajo del presidente López Obrador en economía, en trabajo social, en obras. Y ese va a ser el mayor peso electoral que podamos tener y el comparativo es qué hicieron ellos en tantos años y qué se ha hecho en estos pocos seis años.

Nacida en Zacatecas, en 1964, y avecindada en Veracruz, Nahle es fundadora de Morena y fue la coordinadora del primer grupo parlamentario de su partido en la Cámara de Diputados, en 2015. Senadora con licencia, asegura que la disputa por la Nación es interna porque, en el exterior, a México se le ve con respeto.

—¿Qué es lo que la gente debe saber? Que esta disputa es aquí adentro. Allá, afuera, todos los países, cada país hace su propia política energética; cada país hace su plan; cada país respeta y a nosotros nos respetan. Nos respetan nuestros vecinos del norte, nuestros vecinos del sur; nos respetan si vamos a Asia, si vamos a Europa. Ellos no están preguntando: "Oigan, ¿en México van bien o van mal?". No, eso es aquí adentro, en el país.

No tiene duda de que, en seis años, López Obrador y su equipo dejarán un país más estable.

—El cambio ya está, el cambio a esta mitad del camino ya está —dice.

Tampoco le inquieta haber sido incorporada por el presidente en el elenco de presidenciables de Morena:

—Voy a trabajar en el movimiento desde la trinchera que me toque.

"Un grupúsculo que se aferra a seguir succionando recursos naturales; creando este abismo, esta diferencia social y económica".

Cualquiera que sea la candidata o el candidato, comenta, será forzado por la sociedad a continuar el proceso de transformación:

—Quien llegue, quien esté al mando, sin duda va a tener que continuar la transformación del país, porque el mismo pueblo y el mismo movimiento se lo vamos a exigir.

—¿Esto no acabará en 2024?

—No, esto tiene que continuar.

LA ENERGÍA ha sido un tema clave en la deliberación pública y en la historia misma de México, con dos concepciones contrapuestas desde la expropiación petrolera de 1938 de Lázaro Cárdenas y la nacionalización de la industria eléctrica de 1960 de Adolfo López Mateos.

Una concepción es que el sector energético debe estar en manos de los privados con una lógica estrictamente lucrativa, que se impuso en el periodo neoliberal, y la otra es la rectoría del Estado, necesario para evitar los abusos, como sucede en algunos países de Europa y en Estados Unidos.

—El objetivo del presidente López Obrador y el movimiento de izquierda que se genera por muchos años y que al final se conforma a través de Morena es que los mexicanos retomemos el control político, social, productivo de México. Y eso va enlazado con la seguridad nacional y la soberanía —dice Nahle.

Se trata, añade, de recuperar el pensamiento social y político completamente distinto al neoliberal, que fue hegemónico en México durante 36 años, con resultados de pobreza, marginación y con los jóvenes sin oportunidades y toda la descomposición que se generó en ese periodo.

—Y hoy decimos adiós al neoliberalismo, con un sistema progresista, social, cultural, que regresa a nuestras raíces, abiertos al mundo, porque somos un país abierto al mundo pero cuidando lo que somos —apunta.

Y en medio de la construcción del proyecto alternativo al neoliberalismo llega la pandemia, que nadie esperaba, y hay países que están imitando a México.

—Hoy que estamos saliendo, observamos que todos los países del mundo están haciendo lo que nosotros empezamos a hacer el 1 de diciembre del 2018: resguardar su seguridad nacional, su soberanía alimentaria, su soberanía energética, que es fundamental, su economía, e inyectar recursos para mantener una economía estable.

Y otro de los grandes aciertos del presidente López Obrador, subraya, es no endeudarse:

—En el régimen anterior ya estuviéramos con más y más y más deuda. Aquí dijimos no: una política administrativa con responsabilidad, austeridad republicana, ahorro, dispersión de recursos para la base social de los que menos tienen, cuando antes la dispersión de recursos era a la cúpula. Entonces, ¡claro que hay una diferencia!

En el caso específico del sector energético, el gobierno tiene la obligación de entregar combustibles y electricidad a la población, y para ello se deben fortalecer las empresas públicas que fueron desmanteladas en los gobiernos anteriores, sobre todo con la reforma de Enrique Peña Nieto.

—Tenemos que cuidar el mercado interno, tenemos que cuidar el balance energético, tenemos que cuidar la confiabilidad, que es lo mismo que la seguridad de la red eléctrica. Tenemos que fortalecer a Pemex y a la CFE, porque con ellos tenemos una seguridad energética, que es completamente lo opuesto a lo que se pensó en los gobiernos anteriores. Entonces la 4T está trabajando y vamos caminando.

Como cabeza del sector energético, la ingeniera química con especialidad en petroquímica recibe constantemente presiones y críticas por las reformas, incluida la que está en el Congreso sobre el sistema eléctrico, pero no la afectan.

—A mí no me han hecho ninguna mella, porque sé perfectamente, conozco perfectamente, el proyecto de Nación que diseñó el presidente López Obrador. Y no lo empezó a diseñar en el 2018, esto viene de hace mucho tiempo. Como técnica, especialista en el medio, por supuesto hay una coincidencia total, entonces sabemos lo que queremos, sabemos cómo queremos dejar al país, sabemos cómo queremos dejar el sector.

Ella, como todos los miembros del sector energético, escucha opiniones diversas, incluidas las del sector privado, por ejemplo para evitar el aumento de las tarifas en gas y gasolinas, como ha ocurrido en Estados Unidos y Europa.

—En Europa están padeciendo las tarifas, pero el caso emblemático son España e Italia, que tienen tarifas que son cuatro, cinco veces más grandes que las de nosotros, porque no cuidaron el balance, porque perdió el Estado el control, el eje rector de poder abastecer y cuidar —subraya la secretaria, quien critica que los órganos reguladores trabajan para los privados—. Si lo dejas a un libre mercado, el libre mercado ve por sus intereses, y la obligación del Estado es ver los intereses de los ciudadanos. Entonces sabemos lo que queremos, sabemos a dónde vamos, sabemos cuál es nuestra función de estar aquí.

—Hay una batalla ideológica por distintos frentes... ¿Cómo dibuja ese panorama, el no ideológico, secretaria, sino el técnico? Todos los frentes que hay, donde hay que hacer correcciones y donde hay que replantear el país.

—Sí, creo que en este sector es donde el cambio ha tenido que ser más fuerte, ha tenido que utilizarse ahora sí más energía porque dejaron una normativa establecida para soltar el sector sin control, sin una planeación, y que fuera este mercado tal como con España, el que los privados hicieran sus negocios prácticamente.

"Y así dejaron una estructura jurídica, legislativa. Nosotros hemos tenido que ir encontrando dónde podemos ajustar, dónde se tienen que hacer cambios, dónde tenemos que hacer normas nuevas, dónde tenemos que hacer los cambios estructurales fuertes, qué renegociar, incluso contratos, contratos que le dejaron pesadísimos, por ejemplo, a la CFE".

¿Qué pretende el gobierno de López Obrador?, se pregunta Nahle, y ella misma responde:

—Queremos dejar al país con autosuficiencia energética, de combustibles y de electricidad; queremos dejar que el país tenga una plataforma cuando nos vayamos, que no estemos dependiendo del exterior cuando somos un país petrolero, cuando somos un país que tenemos infraestructura. Eso lo sabemos, lo tengo muy, muy claro, y es a donde vamos y para eso los cambios.

La secretaria recuerda que, al inicio del gobierno, se creó un acuerdo de confiabilidad del sistema eléctrico, en el despacho que se hace en el Centro Nacional de Control de Energía (Cenace), porque todas las redes están saturadas y se debe evitar que colapsen y haya apagones.

La respuesta de los privados fue solicitar amparos, que los jueces les concedieron, porque los gobiernos neoliberales dejaron una arquitectura jurídica para favorecerlos, al margen de la seguridad energética y la soberanía.

—Eso lo dejaron estructurado, lo dejaron con leyes, lo dejaron con jueces y entonces viene toda una lucha en juzgados que termina hasta en la Suprema Corte —explica Nahle, quien expone que en el caso de uno de los cambios que se hicieron fue el despacho de la electricidad—: Este ni siquiera es por ley, se hizo un acuerdo normativo en la Secretaría de Energía en el sexenio pasado y cuando nosotros queremos hacer el cambio se amparan privados para que a la CFE no se le despache primero.

Por eso, el presidente López Obrador presenta una iniciativa de reforma constitucional en materia eléctrica, al mismo tiempo que promueve medidas para garantizar la soberanía energética:

—Entonces estamos viviendo un proceso maravilloso, como mexicanos nos toca ver este cambio. A nosotros nos tocó ver el cambio de crecimiento de México al neoliberalismo, estuvimos 30 años, 35 años en esto; hoy estamos siendo testigos de un cambio a una transición, a una transformación en el país progresista. ¡Eso es maravilloso! Así lo veo yo.

—Ahora sí que el campo de batalla en esta disputa por la Nación se libra en el sector energético y más específicamente en la Reforma Eléctrica propuesta por el presidente López Obrador.

—Es uno de los temas más importantes. Tenemos otro tema, que es el de los combustibles, que es el del petróleo, que es el de las energías renovables.

Según ella, en el tema de las energías renovables hay mucho "ruido político" a nivel mundial, pero "cada país no va más allá porque todavía la humanidad no está preparada para desconectarse de los fósiles, no estamos preparados técnicamente en la innovación tecnológica".

México está actuando en la transición energética, pero al paso de la tecnología:

—Nosotros no nos vamos a desconectar, nosotros no vamos a dejar a la industria, a la población, sin energía por una quimera o por un proyecto que va avanzando al propio paso.

Y ante el cambio climático, destaca que México está cuidando la naturaleza con el programa de reforestación Sembrando Vida.

—¡Sembrando Vida es maravilloso! México sí está reforestando y México lo está haciendo de una manera excelente. México lo está haciendo bien y ese ejemplo y no nada más es

"Nosotros estamos empujando hacia un Estado progresista, un Estado donde podamos salir del bache en que nos dejaron".

México, ahora voltea y dice también vamos a Sudamérica, también vamos a Centroamérica a ayudar o a asesorar o a alentar a los hermanos centroamericanos.

Enfatiza:

—En el sector el tema de la Reforma Eléctrica es uno de los brazos y llegamos a este momento después de tres años de haber hecho propuestas de cambios de norma; y al hacer las propuestas de cambios de norma, veíamos todo el andamiaje jurídico instalado por 30 años y se llega el momento de decir: "Tenemos que cambiar la Constitución, con los artículos 25, 27 y 28 las modificaciones que se están presentando".

Nahle asegura que las medidas del gobierno tienen respaldo popular:

—Atrás de este proyecto está el pueblo, el pueblo es el que está diciendo: "A ver, sí tenemos que ir", el pueblo dice: "Sí quiero a la CFE, sí quiero a mi empresa nacional que va y me lleva electricidad hasta el último rincón de las comunidades en Veracruz, en Guerrero, en cualquier parte". No un negocio que dice: "Yo nada más quiero esta área conurbada que es la que me va a dar ganancia". Entonces esa es una diferencia y sí es importante la reforma.

La secretaria de Energía, como responsable de la obra insignia del sector y del proyecto de la Cuarta Transformación, se refiere también con entusiasmo a la refinería de Dos Bocas y la relevancia para la soberanía energética:

—[En] los últimos años en esta estrategia de desmantelamiento del Estado en el sector de energía se descuidaron las refinerías, se descuidó la infraestructura, tanto refinerías de petroquímica, de petrolíferos de México, y empezaron las importaciones. Empezó esta dependencia y con ello llegó contrabando, llegó *huachicoleo*, llegaron muchas cosas y nuestra infraestructura cada día iba en un deterioro.

"Nosotros sabíamos que teníamos que llegar a rescatar la infraestructura que se tiene de las refinerías para poder procesar nuestro petróleo y darle valor agregado, pero aunque las seis estuvieran trabajando a su máxima capacidad nos sigue faltando gasolina, combustibles, diésel, para abastecer al país. Entonces se tenía que hacer otra refinería, que esto ya lo tenía el presidente muy visto en los últimos 15-18 años".

Esa fue la instrucción que López Obrador le dio a Nahle desde antes de iniciar el gobierno:

—En la transición, el presidente nos da la indicación en seguida de ponernos a trabajar en el proyecto, un proyecto fantástico porque nos va a dar gasolina, nos va a dar valor agregado, pero lo más importante, después de 40 años, se vuelve a hacer ingeniería en México, ingeniería de proceso, es una ingeniería muy especializada.

No sólo eso, informa: se convoca a las constructoras mexicanas para dar empleo a 30 mil personas dentro de la refinería y a 120 mil de manera indirecta, pero además toda la proveeduría es nacional, porque se compra todo el acero y todo el cemento de México, que ha sido muy importante para mover la economía en la pandemia.

—Mientras todos los países le inyectaron dinero directito a su economía, en México se le inyectó a proyectos que pasando la pandemia nos quedan. Eso es algo que no están viendo: nos va a quedar este proyecto de la nación sin deuda, financiado por el presupuesto. Antes decían: "No hay dinero para el presupuesto" y se iba. Ahora sí hay dinero para un aeropuerto, para una refinería, para un Tren Maya. Este es el cambio.

La refinería de Dos Bocas, insiste, es un proyecto que también ha afectado intereses, por ejemplo de los importadores o de contrabandistas, que son quienes alientan el discurso opositor de que se apoya a las energías fósiles.

Pero la población sí respalda la obra hecha por ingenieros mexicanos del Instituto Mexicano del Petróleo; reitera:

—Entonces en la gente, el pueblo, sí hay una identificación con el proyecto, y yo estoy fascinada, encantada viendo a los ingenieros de Pemex, de proyectos de Pemex, a los ingenieros de operación, a los del Instituto Mexicano del Petróleo, que tiene más de mil patentes registradas. Estamos trabajando, estamos retomando esto, y una esencia: que México también puede, como cualquier otro país.

EN UN SECTOR que arroja ganancias multimillonarias, que también están siendo afectadas por el gobierno de López Obrador, la secretaria Nahle ha tenido que enfrentar críticas, aunque dice no sentirse amenazada.

—No, hay insultos, hay comentarios fuertes, nada más. A mí directamente no, porque yo no tengo tiempo de estar escuchándolos, de veras, yo tengo mucho trabajo.

—¿De proveedores, de grandes empresarios?

—No, no. Esto es bien importante. Pero así como no ha habido amenazas, ni siquiera ha habido intentos de sobornos, ni siquiera. ¿Por qué? Porque este es un sector donde había una corrupción terrible, terrible. Entonces cuando te ven bien fir-

"Esa élite debe entender que para el 2024 el pueblo va a valorar los hechos de seis años, el trabajo del presidente López Obrador en economía, en trabajo social, en obras".

me, parado donde sabes que tienes que caminar sobre una línea para llegar a la meta, pues no hay pierde, ese es el camino.

—¿Nunca se han acercado a esta oficina a decirle: "Oiga, pero, ¿podemos arreglarlo...?".

—No, no.

—¿Nunca?

—No, no, no. Nunca. Vienen y me dicen: "Oiga, yo tengo este problema, está pasando esto, quiero que me ayuden a esto". Y yo tengo que escuchar y atender a todos y es: "Esto sí se puede y esto no se puede".

—¿Y qué ha escuchado usted de cómo se arreglaban esos problemas en el pasado?

—Este es un sector [que] estaba invadido de corrupción, invadido de corrupción. Entonces todas las áreas, todas las empresas, todos los organismos se han tenido que ir depurando poco a poco, se ha tenido que ir limpiando esto. Y es un trabajo de día a día, día a día, en eso vamos.

—Había aquí oficinas de empresas extranjeras.

—Aquí yo me encontré unas oficinas dentro de la secretaría de organismos de otros países. Entonces, no podía ser. Se les mandó a sus embajadas, respectivamente. "¿Sabe qué? Este es un edificio de gobierno, del gobierno mexicano, y si ustedes están aquí colaborando, asesorando —no sé qué estaban haciendo—, pues tienen que salir". Hasta en eso.

Pero eso es lo de menos, puntualiza Nahle, porque lo importante es trabajar en el proyecto para fortalecer el sector que el presidente López Obrador conoce y cuida muy bien, con un seguimiento sistemático.

—Está sobre nosotros, sobre el balance energético: "¿Cómo vamos de combustibles, cómo va la electricidad, el gas?". Cuida mucho esto, porque son servicios de primera necesidad, que se necesitan para crecer, que se necesitan para transformar y que también, en un momento dado, económicamente esto le afecta a la población y tiene afectaciones con la inflación. Es un sector que el presidente López Obrador cuida mucho. Nos guía muy bien.

—Desde la posición privilegiada que tiene en un sector tan estratégico como el de la energía, ¿ve vitalidad en el proyecto antagónico para ponerle un freno a este proceso de cambio encabezado con el presidente López Obrador, incluyendo en lo electoral en el 2024?

—La oposición va a hacer lo que ellos consideren. Por supuesto que hay una oposición que no le gusta, que no está de acuerdo, y ellos harán lo propio. Y por eso yo decía: es el pueblo, somos más los mexicanos que sí queremos un progreso, que sí queremos un bienestar social, que sí volteamos a ver la historia.

A Nahle le entusiasma que el presidente, todos los días, informa sobre el gobierno, pero también recurre a la historia para recordar los errores que se cometieron y cómo se resolvieron y tomarlos como ejemplo para el proyecto que está en curso.

—Entonces, cuando nos platica en las mañaneras, está todo un pueblo recordando o aprendiendo su historia, para ver qué errores se cometieron, cómo en México siempre ha estado una oposición o una élite queriendo tener los recursos naturales, la riqueza, y un planteamiento de un movimiento de una izquierda que decimos: "A ver, hay para todos, en México hay para todos y para todos bien, para que estemos bien, eso es lo que nosotros estamos viendo".

—¿Cómo define usted a esa élite que se ha beneficiado de treinta y tantos años de neoliberalismo?

—Esa élite debe entender que ya se acabaron los excesos y que sin duda para el 2024 el pueblo va a valorar los hechos de seis años, el trabajo que deje el presidente López Obrador en economía, en trabajo social, en obras. Y ese va a ser el mayor peso electoral que podamos tener y el comparativo es qué hicieron ellos en tantos años y qué se ha hecho en estos pocos seis años. Eso va a ser.

"Yo sí coincido cuando el presidente dice que el pueblo es sabio y que el pueblo sabe medir. Es cierto. Entonces va a ser interesante, porque los mexicanos vamos a hacer el comparativo".

—El presidente habla de historia, pero también habla de futuro. ¿Qué tanto, para la responsabilidad que usted tiene, le ha afectado que el presidente la haya incorporado al elenco de prospectos presidenciales para 2024?

—Yo lo único que puedo decir es que en el movimiento tenemos afortunadamente figuras fuertes, que independientemente en el momento que se decida, vamos a salir en unidad con la persona, ya sea hombre o mujer, que designe.

"Tenemos un movimiento fuerte, con figuras fuertes, eso es

"Ese será el mayor peso electoral que tengamos: qué hicieron ellos en tantos años y qué se ha hecho en estos pocos seis años".

importantísimo, y de mi parte yo voy a trabajar, a ayudar en el movimiento desde la trinchera que me toque. Yo no lo veo como una afectación o beneficio, al contrario, yo soy militante de mi partido, soy fundadora, yo vengo de la izquierda desde hace muchisísimos años. Entonces, yo estoy, yo lo he dicho, yo estoy para lo que el movimiento lo requiera y vamos a trabajar en ello".

—El lopezobradorismo es muy poderoso, pero Morena no es el lopezobradorismo. ¿Usted siente al partido del cual usted es fundadora suficiente como para captar toda la fuerza que se ha generado en torno al movimiento de López Obrador?

—Yo creo que afortunadamente el líder de Morena, el gran líder, el gran activo que tenemos, es el presidente López Obrador; desde antes de que el presidente estuviera en la Presidencia nuestro activo más fuerte político, de trabajo, de valor, etcétera, es el presidente López Obrador. Y Morena va, es un reto que tiene, a estar a la altura del liderazgo que deje la figura de Andrés Manuel López Obrador, no tanto el presidente...

—En tres años ya se va.

—Así es, entonces son tres años que el movimiento tiene para esta organización. Se tiene que organizar y creo que lo va logrando. A ver, ya tenemos 17 gobernadores, hay partidos de oposición que tienen 70 años de formados y no han podido tener 17 gobernadores. Nosotros en tan poco tiempo tenemos mayorías en un número grande en el Legislativo, en congresos locales, en presidencias municipales.

"En muy poco tiempo Morena ha crecido mucho y, por supuesto, la figura de López Obrador es primordial, es el liderazgo y la guía política, porque no nada más es 'yo como figura', sino la guía política, lo que tiene alrededor López Obrador".

—Sin embargo, también va a retirarse, dice él, y un proyecto de transformación como el que se inició hace tres años requiere no sólo de un sexenio; ¿tiene el movimiento lopezobradorista, aun cuando el presidente se retire, fuerza para ir más allá del 2024?

—Sí, si volvemos a que es una figura, una persona que vaya a llegar a la Presidencia y diga: "A ver, yo le voy a cambiar el rumbo", hay un pueblo, son seis años de trabajo de esta Cuarta Transformación, donde el pueblo nos va a tener que decir: "A ver, es por aquí, es por aquí".

"Y voy a poner un ejemplo: los programas sociales, las reforestaciones, los combustibles, la electricidad. Nada de que a mí me llegó un recibo de la empresa equis y ahora resulta que está tres, cuatro veces más caro, no. Por eso también la conciencia cívica y politizar a nuestro pueblo es muy importante".

Finaliza:

—Entonces quien llegue, quien esté al mando, sin duda va a tener que continuar la transformación del país porque el mismo pueblo y el mismo movimiento se lo vamos a exigir.

Tatiana Clouthier

¿Qué quiere el otro proyecto? No lo entiendo, soy franca

TATIANA CLOUTHIER CARRILLO, secretaria de Economía del gobierno de Andrés Manuel López Obrador, rompe con el perfil asociado a la izquierda: pertenece a una familia acomodada del norte de México y su padre, Manuel Clouthier del Rincón, no sólo presidió la Confederación Patronal de la República Mexicana (Coparmex) y el Consejo Coordinador Empresarial (CCE), sino que fue candidato presidencial del PAN, el partido histórico de la derecha.

Ella misma fue partícipe de las causas políticas de su padre, cuando lo acompañó en su campaña de 1988 y militó en el PAN hasta ser diputada federal. En 2005 renunció y empezó a acercarse a López Obrador, quien la hizo la coordinadora de su tercera campaña presidencial, la contundentemente victoriosa de 2018.

Licenciada en Lengua Inglesa por el Instituto Tecnológico y de Estudios Superiores de Monterrey (ITESM), Tatiana está radicalmente comprometida con la Cuarta Transformación, el proyecto de López Obrador, pero tiene una visión diferente a sectores del partido Morena:

—Yo no juego ya en los explotados y los explotadores, yo ya no juego ese juego.

El proyecto de la Cuarta Transformación, define, es una agenda de derechos sociales para los sectores más desprotegidos, garantizados en el Artículo 4 de la Constitución; el apoyo directo a los jóvenes en varios programas; el impulso a las actividades productivas, también con apoyos sin intermediarios; el aprovechamiento para México del T-MEC; la austeridad republicana, la soberanía nacional y que todo poder público dimana del pueblo y se instituye para beneficio de este.

Los cambios que ha impulsado López Obrador llevan a Clouthier a definir el proyecto en pocas palabras:

—La Cuarta Transformación para mí es: "Ya te desperté, ya te di las herramientas para que captes que el Artículo 39 constitucional dice que el pueblo es el mandante. ¿Qué haces con eso?".

En contraste, asegura, al proyecto alterno de la coalición de partidos denominada Va por México que encabeza el PAN y que crearon el magnate Claudio X. González y Gustavo de Hoyos, ex presidente de Coparmex, sólo lo une el tajante no a todo.

—El proyecto del presidente está muy claro, está muy delineado, tiene mucha claridad. ¿Qué quiere el otro? No lo entiendo, soy franca, y lo veo desde la Cámara de Diputados, todavía desde antes: no te dicen qué quieren, te dicen qué no quieren.

Diputada federal de Morena electa en 2018 —que ejerció de septiembre de ese año a diciembre de 2020, cuando se unió al gabinete—, insiste en que no comprende el proyecto opositor:

—Es: "No me gustan las Sabritas, no me gusta la calabaza, no me gusta el chayote, no esto". Bueno, ¿qué sí te gusta? Y si tú me planteas qué te gusta y a dónde me estás invitando, puedo decirte qué; pero si me hablas de los *no*, no puedo hablar de ello. O sea, me cuesta trabajo en términos de proyecto.

"Si estamos hablando", añade, "de este matrimonio que se da entre el PAN, el PRI, el PRD o entre algunos porque el PRI creo que se va a divorciar y anda viendo quiénes se van para dónde, etcétera, diría que es una amalgama otra vez que no es a favor de algo, esa es mi percepción. Y si no es a favor de algo, es en contra del proyecto que el presidente López Obrador ha instalado, ha dicho lo que quiere y es decir: 'Yo no quiero eso', pero no te dicen qué, y eso es lo que los ha unido. No veo que los una algo más".

Por eso la coalición PRI, PAN y PRD no ganó la mayoría en la Cámara de Diputados en 2021:

—Entonces no pudieron entrar a la población, repito, porque no tienen claridad de proyecto. Acá hay claridad de proyecto, te puede gustar o no, pero hay claridad del adónde te están invitando.

NADIE DUDA de que Tatiana Clouthier fue clave en la campaña 2018 de López Obrador. Su perfil atrajo a sectores que habían sido recelosos de él en las dos campañas previas: empresarios y jóvenes mayoritariamente de clase media.

Ella conectó con estos sectores no sólo por verse acompañada por el empresario Alfonso Romo, quien asumió transitoriamente en la Oficina de la Presidencia, sino porque ella diseñó, junto con jóvenes colaboradores, una estrategia eficaz de comunicación que fue capaz de contrarrestar la guerra sucia de las élites.

En el libro *Juntos hicimos historia*, Clouthier describe las estrategias de magnates como Enrique Coppel, que armaron una millonaria campaña para descarrilar el proyecto de López Obrador. En su testimonio escrito denuncia que en esa guerra de lodo intervinieron personajes prominentes, como Enrique Krauze.

Krauze, señalado como artífice clave en la estratagema que se diseñaba y operaba en el domicilio ubicado en la calle de Berlín 245, en Coyoacán, Ciudad de México, trató de intimidar a Clouthier amenazándola con una demanda. "No me atrevería a poner esto si no tuviéramos las pruebas en la mano", dijo ella y le respondió: "¡Nos vemos en los tribunales!".

Krauze desistió. En su libro, Clouthier describió cómo el ingeniero civil y cabeza de uno de los más poderosos núcleos de intelectuales mexicanos "ha prestado servicios a los gobiernos

de Vicente Fox, Felipe Calderón y Enrique Peña Nieto reali-
zando metódicos y persistentes ataques contra López Obrador"
a cambio de contratos que, sólo entre 2002 y 2016, sumaron 162
millones de pesos.

En su libro *A la mitad del camino*, López Obrador aporta
otro dato sobre el dinero que recibieron las empresas de Krauze
de los tres gobiernos con base en información oficial: más de
370 millones de pesos.

Combativa como diputada federal e impulsora de las reformas constitucionales y legales en el arranque del sexenio 2018-
2024, Clouthier ascendió a titular de la Secretaría de Economía
para diciembre de 2020. En sus oficinas oficiales, con sede en
la colonia Condesa, recibió a los periodistas. Fue la mañana del
miércoles 8 de diciembre de 2021.

—¿Cómo define el proyecto de Nación encabezado por el
presidente López Obrador?

—El proyecto de Andrés Manuel López Obrador tiene
como cuatro vertientes muy claras: una de ellas es enfocarse
a tender una mano a aquellas personas que fueron olvidadas
históricamente en el país [durante] los últimos 30 años. Cómo
crear condiciones para decir: "Te tiendo la mano para que aga-

"El proyecto del presidente está muy claro.
¿Qué quiere el otro? No lo entiendo,
soy franca: no te dicen qué quieren,
te dicen qué no quieren".

rres un respiro y puedas empezar a reconstruirte y que el origen no sea destino".

López Obrador, dice, está generando condiciones de movilidad social, apostándole a tres cosas con ese propósito. Una es el fortalecimiento de las becas a los estudiantes.

—Alguien decía: "Las becas ya las daban en el pasado". Sí, mas no de forma generalizada. Cuando hablo de forma generalizada estoy hablando de las becas, por ejemplo, en educación media superior. Era un montito. Era un nicho.

"¿Cómo le haces", añade, "para que los muchachos que normalmente eran jalados por el crimen organizado puedan estar atendiendo la preparatoria y que a partir de la preparatoria puedan tomar una decisión, si se incorporan a la vida universitaria o si se incorporan al mundo laboral de forma definitiva? Ese es un proyecto del presidente".

En este aspecto, Tatiana tiene la visión de que las becas sean también para quien desee estudiar en instituciones privadas:

—¿Qué me parece que le falta ahí? Es visión muy personal: que debiese ser apoyo para que yo elija si me quiero ir también a una preparatoria privada.

Con el fin de atender a los jóvenes, dice, el gobierno de la Cuarta Transformación creó Jóvenes Construyendo el Futuro, que trata con dignidad a un sector que no estudiaba ni trabajaba y al que despectivamente se definía como "nini".

—Cuando yo te digo *nini*, es una degradación. Cuando yo te digo: un joven que quiere reincorporarse a la vida pública, me estoy refiriendo en términos de trabajo. El joven está queriendo buscar una oportunidad que no tuvo, por lo que sea, y aquí es cómo se le va a acompañar y creo que debe venir un apoyo adicional en términos de Jóvenes Construyendo el Futuro. Mucho de hábitos, porque el hábito de ellos ya se hizo hábito al no tener hábitos para levantarte temprano; para llegar temprano al trabajo; para cumplir, etcétera. Sin embargo, es como una segunda oportunidad.

Otro aspecto importante, dice, es la aprobación del Artículo 4 de la Constitución que garantiza el acceso a la salud, becas y pensión universal para todas las personas adultas mayores del país una vez cumplidos los 68 años, o 65 para el caso de comunidades indígenas, así como la pensión para niñas y niños pobres con discapacidad. Se elevó a rango constitucional el derecho a una beca para estudiantes de escasos recursos en todos los niveles educativos, así como el derecho a la salud, que incluye atención médica de calidad y medicamentos gratuitos para quienes no cuentan con seguridad social.

—En el [artículo] cuarto constitucional dice que sea un derecho que todo aquel que se fregó durante su vida para bien y para mal —unos más se fregaron, otros menos— tenga la posibilidad de tener una pensión para no dar lástima en casa; para que, si pides un café y una cucharada de azúcar, no te estén haciendo caras —explica.

Sobre el origen de las becas para niños y niñas con discapacidad, Clouthier recuerda que en Los Mochis, Sinaloa, durante la campaña, un jovencito con capacidades diferentes les pidió apoyo para las personas como él.

—Vino un clic en el presidente. Y dice: "Si yo gano la Presidencia, me voy a comprometer a que los niños y las niñas como tú tengan una pensión y tengan acceso a ser atendidos". ¿Por qué? Porque una mamá o un papá que tiene un niño o una niña con una discapacidad tienen un *handicap* todavía mayor que otra persona. Porque aparte de que las mujeres estamos culturalmente destinadas al tema de cuidados... Esto está cambiando y es uno de los proyectos de la 4T que están muy puestos en la mesa con el presidente.

El [artículo] cuarto constitucional, que el PAN votó en contra, es clave en la Cuarta Transformación; agrega:

—Es uno de los pilares del proyecto del presidente López Obrador y que viene de la mano con los derechos sociales, que es el tema de cuidados que ahorita está en la mesa con el Senado de la República, muy enfocado a temas de mujeres, porque normalmente el tema de cuidados ha recaído históricamente en las mujeres. Entonces esta es una agenda social muy clara del presidente.

Ante las acusaciones de que López Obrador es populista, Tatiana revira que, al contrario, ha quitado subsidios:

—Contrario a lo que normalmente se dice de que es un populista que se la pasa dando subsidios, el presidente ha retirado los subsidios que se le daban normalmente al empresariado, a la clase media y a la clase alta. No lo juzgo como bueno, como malo, simplemente es un hecho.

"Es: 'no me gustan las Sabritas, no me gusta la calabaza, no me gusta el chayote, no esto'. Bueno, ¿qué sí te gusta? Pero si me hablas de los "no", no puedo hablar de ello".

Y ante ello, los que están molestos es porque quizá quieren el regreso de los subsidios:

—A lo mejor los de Va por México están queriendo volver a los subsidios, a este nicho del empresariado. No lo sé. Pero esa podría ser una diferencia.

El proyecto en el gobierno también fortalece a las empresas del Estado, como Petróleos Mexicanos y la Comisión Federal de Electricidad, para garantizar el abasto de recursos estratégicos, que incluyen ahora el litio, y hace de la minería una actividad sustentable.

La política exterior de no intervención y solución pacífica de las controversias es otro pilar de la 4T, tanto como ubicar a México como protagonista clave no sólo del T-MEC, sino del hemisferio y del mundo, como se lo dijo el presidente a los jefes de gobierno de Estados Unidos y Canadá. Así lo relata Tatiana Clouthier:

—Cree enormemente en la fortaleza de América, cree enormemente en la fortaleza de América del Norte, en el T-MEC. Cree que el T-MEC es un brazo en el cual, así se lo ha expresado al propio presidente Biden, así se lo expresó a Trudeau: "Si nosotros nos fortalecemos como región, seremos y podremos ser competitivos contra otras fuerzas mundiales. Tenemos que buscar la integración de la América". Y creo que eso es parte del proyecto.

EN EL CONTEXTO de dos años de pandemia, que derrumbó como nunca la economía del planeta —incluida la de México— y que trastocó todas las formas de relaciones humanas y productivas, Tatiana Clouthier reflexiona sobre lo que acontece en el país.

—¿Qué veo? Veo una sociedad más politizada, veo una sociedad que quieren culpar al presidente por muchas cosas y mucho de esto se gestó en la pandemia. ¿A qué me refiero? En el mundo entero la gente está enojada, frustrada, desesperada, con circunstancias difíciles de entender.

Es verdad que después de meses de encierro en México hay sectores de la sociedad con enojo, pero también se detonó en muchos jóvenes el espíritu emprendedor.

—Se registraron, como nunca, marcas y patentes a lo largo del 2020. Esta energía creadora fue como un explosivo positivo durante la pandemia.

La capacidad creativa de los mexicanos está floreciendo en muchísimos campos, incluidos los industriales y de negocio, gracias también al bono demográfico maravilloso que México tiene, dice.

—Yo no juego ya en los explotados y los explotadores, yo ya no juego ese juego. Ese juego me parece una retórica que no tiene cabida en términos de nuestros trabajadores, con nuestro capital humano, que tiene una capacidad enorme. No son los trabajos de "pon una tuerquita". Tenemos población con unas capacidades increíbles y la gran pregunta es: ¿qué vamos a hacer con todo esto que está detonándose? Y si seremos capaces de darle salida para que sigan expandiéndose.

"¿A qué me refiero con esto? Leo los periódicos y oigo otra vez: 'Es que no hay condiciones para invertir'. Y digo: hay cosas que hay que arreglar; hay cosas que, sí, crear. Pero la *papita ya pelada* como te la daban, ¿verdad?, pues [de esa] no hay.

"El mundo cambió", enfatiza, "y parece que no estamos entendiéndolo. Es más, tan cambió que Estados Unidos está cerrando. Entonces la gran pregunta es: ¿quién eres después de la pandemia? Y qué vas a hacer con lo que tienes".

Tatiana retoma la confrontación política entre proyectos de Nación y no soslaya los apoyos políticos y financieros de la coalición Va por México. Pero hacia el choque en 2024 advierte más riesgos en la Cuarta Transformación. Y en las pasiones.

Y la oposición, agrega, tiene el respaldo de quienes desean el retorno de los privilegios, pero tampoco proponen nada.

—A mí no me han presentado una idea. Porque es: "Eso no, eso no, eso no". ¡Dime qué sí, caray! Me parece que al país le urge —por controles, por pesos, por contrapesos y todo— tener una oposición responsable y una oposición, y digo ahorita oposición porque eso son, una oposición que pueda plantear qué quiere.

En ese sentido, elogia al partido político Movimiento Ciudadano por ser "más serio" que el PRI, PAN y PRD.

—Me voy a remontar un poco, y otra vez en definición de proyectos: parecería que si me voy a 30 años atrás, MC es el PAN de aquellos años en términos de atender un nicho de mercado, de población, con un proyecto mucho más de avanzada y menos conservador que el que el PAN movía o enarbolaba en aquellos años.

"No podemos negar", continúa, "también, otra cosa que creo que valdría la pena ponerla en la mesa: las pasiones. ¿A qué me refiero con las pasiones o con los derechos adquiridos? En el proyecto del presidente que está muy bien configurado. Hay pasiones y hay derechos adquiridos, o algunos que creen que tienen derechos adquiridos. Y también se pue-

"Este matrimonio entre PAN, PRI, PRD, es una amalgama no a favor de algo, sino contra el proyecto del presidente López Obrador".

de desmoronar y eso no puede dejarse de lado, de dejar de observar".

—¿Qué es lo que advierte cuando dice eso?

—Pues *nomás*. ¿Más explicado qué es? Los seres humanos somos seres humanos. Que el poder es el poder. Que la lucha por el poder ha sido la lucha por el poder y si se desmoronan unos, porque no se pueden poner de acuerdo, los otros se pueden desmoronar porque creen que tienen derechos adquiridos o porque la pasión también puede estar presente. Lo vimos en esta elección pasada.

—¿Cuál es la responsabilidad de quienes forman parte de ese proyecto? ¿Qué responsabilidades tienen para que prevalezca y que eventualmente no se derrumbe?

En la campaña presidencial de 2018, revela que le decía a López Obrador que Morena sería su legado. Pero la duda es si este partido tendrá la capacidad de continuar el proyecto de transformación.

—La pregunta es si Morena podrá estar a la altura de las circunstancias. Y esto siempre es un reto. No me toca a mí juzgarlo o no, ni mucho menos, sino decir [o plantear] si Morena podrá jugar a la altura de las circunstancias para cumplir, de forma histórica, el no mentir, no robar y no traicionar.

A Tatiana le preocupa que, sin López Obrador en la Presidencia de la República, a Morena le pueda pasar lo que le pasó al PAN sin Manuel Clouthier y sin Ernesto Ruffo, después de que el primero murió y el segundo dejó la gubernatura de Baja California.

—Eso pasó mucho con el PAN. Voy a referirme a *Maquío* en 1988. Y hablo de *Maquío* porque me tocó vivirlo y es mi papá —subraya. Añade enseguida—: La ruffomanía ganó en Baja California, y la ruffomanía llegó y rebasó los ímpetus al movimiento. Con *Maquío* sucedió igual: el maquiismo, el movimiento de *Maquío,* sobrepasó al PAN, le dio ventaja competitiva en su momento; un oxígeno, un tanque de oxígeno que se pudo compartir por mucho tiempo más a pesar de muchas cosas. Este es el reto.

Aunque el presidente tiene una aprobación enorme, el problema es si eso se traducirá en que, en el futuro, se ganen elecciones o se pierdan, como en Nuevo León en 2021, donde Morena perdió aunque iba arriba.

—Aprendieron a hacer política y no serán manipulados más. Y ahí es donde la inflexión se da. Porque lo vi en la elección pasada. Pongo el caso de Nuevo León: si esa inflexión y esa capacidad que llevó al lopezobradorismo a lo largo de tantos años a tener esta conciencia los hará traducirla o no en un voto a favor de su proyecto o de Morena. Y no sé. Ese el reto.

Ricardo Monreal

Tenemos que ser más audaces con la pobreza y la desigualdad

Fue la última entrevista de este proyecto y el dato no sobra. Ricardo Monreal Ávila trae una agenda atareada en estos años, y para algunos, atareada y además inquieta. La cita fue el 17 de diciembre a la hora de la comida. Cinco días después, el 22 de diciembre, José Manuel del Río Virgen, secretario técnico de la Junta de Coordinación Política del Senado, miembro de Movimiento Ciudadano, ex alcalde de Tecolutla y ex diputado federal, sería detenido bajo los cargos de asesinato. Y el 24 de diciembre, cuando casi todos cenaban en su casa, el ex gobernador zacatecano estaba en Veracruz, tratando de liberar a su amigo.

A ese viaje lo acompañó Dante Delgado, el hombre detrás de Convergencia-Movimiento Ciudadano durante más de dos décadas. También son amigos. Para muchos, demasiado cercanos. Ambos políticos fueron juntos al centro de reclusión de Pacho Viejo, donde Del Río Virgen está tras las rejas por el presunto asesinato de Remigio Tovar, candidato a alcalde.

Monreal quiere ser el candidato de Morena para las presidenciales de 2024. El método de elección —sugerido por Andrés Manuel López Obrador— serán las encuestas, pero el senador no está de acuerdo y así lo ha dicho. En últimas fechas ha expresado su desacuerdo con eso y con otros temas, de tal manera que pareciera distante del fundador del partido en el que milita y líder de la poderosa (y única) corriente de izquierda que logró la Presidencia de México en 2018. Algunos observadores dicen que es más un método de negociación del senador: se deja ver con dirigentes de otros partidos, presiona en tiempos previos a la selección de candidatos, se dice maltratado y luego se acomoda. Porque así pasó en 2017 y porque a Monreal no le va mal en la vida. Su hermano es gobernador de Zacatecas, otro es alcalde y buena parte de su familia se dedica a la función pública gracias a su persistencia pero, sobre todo, gracias a Morena.

"Siempre me mantendré del lado del Presidente, porque hacerlo es estar del lado de la historia", escribió en febrero de 2022, después de un mes de temporal que lo llevó a renunciar a una comisión para Veracruz, lanzada por él y por Dante Delgado, sin apoyo en el interior de Morena pero con todo el respaldo del opositor Movimiento Ciudadano. Se interpretó como un ataque al gobernador morenista Cuitláhuac García. Lo doblaron sus propios compañeros. Aceptó y concedió.

Porque, habría que reconocerle, a la hora de definir proyectos que protagonizan la disputa por México, Monreal siempre se sienta —al menos hasta ahora— del lado de la banca donde está López Obrador. Y así ha sido durante 20 años. Es uno de los primeros gobernadores de la izquierda en la historia y esas dos décadas las ha pasado junto al actual presidente de México.

Y sobre eso es, justamente, la primera pregunta; sobre los dos proyectos de Nación en disputa. Responde:

—Sólo son dos proyectos. Incluso en su última etapa, el presidente de la República desde hace años los ha venido agrupando: los liberales contra los conservadores; o dos equipos o dos grupos: uno contra el neoliberalismo y el otro un proyecto nacionalista. Y en los últimos tres años, el presidente ha subrayado más esa distancia y esa diferencia. Prácticamente ha agrupado a dos grandes bloques: el bloque neoliberal y el bloque, diría, nacionalista. Desde *La disputa por la nación*, de Carlos Tello y Rolando Cordera, que ya se discutía en los ochenta, estos dos grandes bloques se mantienen y persisten. Se subrayan y se profundizan. Así lo veo.

—¿Cómo ubica el momento en el que estamos ahora mismo, en esa batalla por el recambio?

—El presidente de la República inició un proceso de transición política. Me temo que no se va a terminar en los seis años; a los seis años va a ser un proyecto inacabado porque las transiciones políticas son mucho más largas, mucho más

"En 2018, el arribo de López Obrador a la Presidencia despresurizó una crisis social que venía. Si no hubiera ganado, habría habido explosión social. No me queda duda".

prolongadas. Pero el presidente tuvo una visión de país que la aplicó estrictamente. Este sacudimiento de los viejos dogmas o de la ortodoxia que acompañaba a los presidentes de la República: llenos de privilegios, de lujos. La sacudió. Eso propios y extraños tenemos que reconocer: que el presidente instaló un nuevo estilo de gobierno y no creo que regrese el viejo estilo de gobierno de la parafernalia.

"Nadie le puede negar ni regatearle al presidente López Obrador que lo instaló", dice. "Todavía quedan algunos resabios en algunas secretarías de Estado pero él, él sí ha actuado con honestidad, con sobriedad y con austeridad. Yo nunca había visto un presidente que viajara en aviones de línea permanentemente. No vi a un presidente que se levantara a las cinco de la mañana todos los días. Nunca vi un presidente que caminara como cualquier ciudadano en la calle.

"Muchos pensaron que el presidente no iba a aguantar ese ritmo de trabajo o ese ritmo de convivir en aviones de línea. Algunos dijeron: 'Es pose', o 'Es campaña y cuando llegue va a usar los del Estado Mayor Presidencial, los aviones que tiene ahí parados'. No. Por esa razón yo le atribuyo al presidente que instaló un nuevo estilo de gobierno, que ya no se va a ir y que la gente [...] no va a querer menos. La gente va a querer que siga siendo un gobierno austero, humano, humilde, muy modesto. Como es el que instaló el presidente López Obrador".

—Faltan temas que son cruciales: la pobreza, la desigualdad, la inseguridad.

—Diría que le faltan. La agenda que se propuso el gobierno. Por eso hablo de que no puede agotarse en seis años. Sería iluso pensar que a los seis años el presidente va a terminar con todo lo que recibió. No. Yo diría, entre otras cosas, que el problema de la desigualdad que se ha acentuado a partir de la llegada de la COVID-19, el cierre de empresas, la debacle económica, la pérdida de empleos temporales... Ese es un tema grave, el de la desigualdad.

"Pero agregaría otros tres que a mí me parece que todavía son asignaturas que no hemos cumplido como gobierno y como expresión política, como movimiento social: el de la seguridad; creo que es un tema que todavía está pendiente y no hemos logrado instalar un proceso de rescate de territorios en manos del crimen organizado y no hemos logrado establecer un proceso de pacificación en el país. Ese es un tema que nos queda todavía por resolver.

"Y otro gran tema, aparte del de la desigualdad, es el del campo mexicano. Yo sí creo que el campo requiere fortaleza, respaldo, apoyo. Y obviamente el tema de salud. Todo el sistema de salud que nos agarró desprevenidos y con un saqueo inmisericorde. Lo resistimos porque el presidente y todos actuamos de manera emergente, comprando ventiladores, contratando médicos, contratando enfermeras, pagando vacunas por anticipado. Pero el sistema de salud tradicional, viejo, que heredamos, no respondió a la mínima exigencia que la emergencia sanitaria nos exigía".

—¿Cómo visualiza la contienda por la Presidencia en 2024?

—Yo visualizo el 2024 sólo en dos bloques, dos candidatos. Un candidato del PRI-PAN-PRD, incluso MC. Algunos lo ubican en una tercera fuerza política, yo no creo eso. Yo creo que va a estar al final MC en este gran bloque, porque lo que MC quiere es ganarle al presidente de la República la Presidencia. Ya es un asunto casi personal, de construir una fuerza que le dispute al presidente López Obrador su fuerza en Morena y por eso Movimiento Ciudadano ha actuado con inteligencia, pero al final va a ser parte de ese bloque.

"En esta intermedia no, ni en la anterior, van a caminar solos como partido, pero en la de 2024 por supuesto que va a ser un solo bloque y lamentablemente para ellos, a pesar de que tienen muchas personalidades. Como decía un panista, muy avezado en estos temas: 'No puede ser uno tatuado de nuestros propios partidos'. Es decir, no un priista, no un panista, no un perredista. O sea, tiene que ser, fíjense ustedes qué extraño y qué paradójico, tendrá que venir de fuera. Me lo acaba de decir un grupo de panistas inteligentes.

"Entonces, al final, sólo va a haber dos grandes bloques y depende mucho de que Morena pueda lograr superar sus diferencias para que camine junto y pueda garantizar el triunfo y la ratificación en el 2024", agrega Ricardo Monreal.

Enseguida dice contundente:

—Veo con mayor presencia y fuerza a Claudia Sheinbaum, la jefa de Gobierno; a Marcelo Ebrard y a un servidor. Halago en boca propia es vituperio, pero yo lo he expresado y no me cuesta trabajo reiterarlo y ratificarlo. Pero al final, si nosotros tres o el propio Adán Augusto, que lo acaban de destapar en Tabasco; si los cuatro no nos ponemos de acuerdo, uno de ellos, uno de ellos, el que se salga con el diez por ciento, ya no le pidas más, con el diez por ciento de intención de voto que arrastre afuera…

—Pone en riesgo…

—…perdemos o podemos perder. Porque le disminuyes a la fuerza hegemónica y le agregas, en una suma doble, al grupo opositor; porque ese tendrá que estar solo en uno de los dos bloques; por eso es lo importante de que Morena tenga la capacidad y el talento de abrir el proceso, de no satanizar y no perseguir a quienes pensamos diferente.

"Estos dos grandes bloques, uno de ellos conformado incluso inusitadamente porque nunca lo hubiéramos imaginado, tú Alejandro, tú Álvaro, que tenemos muchos años, ustedes en el periodismo y yo en la política, pero hace diez años sería impensable que se juntara PRI con el PAN, o sea, era prácticamente inimaginable. Menos PRI-PAN-PRD. Porque finalmente estos tres partidos gobernaron México desde la posrevolución; no han dejado de gobernar; fue la irrupción del movimiento ciudadano denominado Morena el que les quitó ese asiento o ese lugar o ese espacio en la vida política y pública del país.

"¿Qué es lo que pasa? Lo que pasa es que ellos quieren retornar. No se han quitado de la idea de retornar y de recomponer su situación frente al poder. O sea, ellos siguen pensando en ganar la elección y desplazar a la izquierda que llegó en 2018. Sin duda.

"Su principal propósito es retornar y recuperar el poder político y en eso están aliados todos los grupos fácticos. Te podría decir: grupos económicos, grupos eclesiásticos, grupos en los medios de comunicación. Grupos académicos, grupos científicos sumados a veces por la falta de pericia para el trato con ellos y que no tienen la ideología de derecha, pero la coyuntura los lleva a simpatizar con grupos de derecha por nuestra torpeza del trato para con los académicos, los científicos, las universidades, la clase media, las iglesias, los intelectuales, los empresarios, no hay necesidad de pelear".

La izquierda, comenta el senador Monreal, "puede convivir con esos grupos. De hecho muchos de ellos son aliados en el mundo, en la socialdemocracia donde gobierna la izquierda. Normalmente estos grupos participan a lado de la izquierda y por eso me parece que estamos en un grave riesgo, que hay que recomponer nuestra relación con los académicos, nuestra relación con los científicos, nuestra relación con los medios de comunicación, nuestra relación con los empresarios, nuestra relación con los intelectuales. Es indispensable, necesariamente, aunque no coincidas con ellos. Pero hay que recomponer la relación que la izquierda había tenido en su historia.

"Hay grupos como los intelectuales y algunos medios que nunca van a aceptar moverse hacia a algún punto que los acerque al presidente López Obrador. Eso es clarísimo. La mayoría de ellos, de hecho, ha hecho todo, y sumaría una élite de empresarios, ha hecho todo para empujar a los partidos de oposición a unirse y a hacer una oposición con la espada desenvainada y sin retorno. El presidente plantea: 'Agrúpense, porque ustedes pertenecen a eso que es el pasado y ahí están perfectamente bien; yo creo que acá se va a construir una nueva sociedad'".

Continúa Monreal:

—Yo creo que el presidente, incluso yo siento que [en] esta segunda mitad, se va a mover. Es más, lo estoy viendo. Se está moviendo. O sea, esta reunión con los 31 gobernadores...

—Pero, ¿es porque los está doblegando?

—No, no, no. Ellos, los empresarios, la élite de la que tú hablas, no es doblegable. Simplemente dicen: "Me espero". Porque tienen poder económico y recursos para resistir. Simplemente dicen: "Me espero". No, yo creo que el presidente hace bien en moverse de su posición original.

"El discurso de estos días pasados fue la unidad. Él dijo que la unidad es clave, aunque tengamos diferencias con pequeñas cosas. Es decir, se está moviendo el presidente al centro, aunque no quieran aceptarlo. Con la Reforma Eléctrica que se empezó a discutir, recuérdenlo ustedes cuando se presenta la iniciativa, era estrictamente inamovible una coma, dijo él; 'No se debe de

"Detuvo la explosión social el arribo del presidente López Obrador. Se renueva la esperanza de que ahora sí vamos a poder tener mayores satisfactores, mayor igualdad. Yo creo que eso el presidente lo ayudó".

mover, tiene que salir la Reforma Eléctrica como está', y todos los voceros de él dijeron: 'Sí, como está'.

"Y luego, a los meses, el presidente se reúne con el Consejo Coordinador Empresarial y con los hombres y mujeres de negocios, y les dice: 'Vamos a abrir la discusión y escuchen, escuchémonos [...] y enriquezcamos la iniciativa'. Porque si no tiene ese propósito el Parlamento Abierto, entonces, ¿para qué tendrían que autoengañarse o engañar al sector económico de escucharlos, si no vas a mover nada? Yo sí creo y hace bien el presidente. Al principio empujó, en efecto, a formarse este polo de derecha y los *cuqueaba* y los sumaba y los ubicaba en un solo equipo. Yo creo que ya no.

"Tres aspectos para mí: diálogo con el PAN, reunión con empresarios de alto nivel y reunión con gobernadores de todos los signos políticos y la desaparición prácticamente de la Alianza Federalista. Duró muy poco, seis meses, al amparo de la campaña. Terminó la campaña, terminó el espíritu federalista. Nadie quiere pelearse con el presidente, pero yo sí creo que él se está moviendo de una posición radical extrema a una posición intermedia, a platicar con los sectores, a escuchar a los sectores y no, no, no creo que esté muy lejana la reunión con clases medias. Las políticas con clases medias. La reunión con empresarios, con universitarios, con académicos, con intelectuales. Yo así lo veo y es su segunda mitad.

—¿Pero es por una necesidad política o por un replanteamiento estratégico?

—Esa es una buena pregunta.

—¿Están doblando al presidente o el presidente se dobla porque ya no puede mantener su misma postura?

—Yo creo que el presidente es muy hábil. El presidente no hace nada si no lo reflexiona, lo medita, lo mide. Todo lo hace con una clara visión de futuro, no hace nada improvisado. Es falso que digan: "Oye, ahí le salió esto en la mañanera, le preguntaron que si iba a dejar a un sucesor de Tabasco y él se rió y dijo: 'No, no, no'". O sea, todo eso él lo tiene bien medido. Es más, me temo que hasta las preguntas a veces… no, no quiero atreverme a tanto. Pero, este, lo tiene muy bien medido el presidente. Y lo que está haciendo no es improvisado. Él sabe que para concluir sus grandes proyectos, Dos Bocas, Tren Maya, Aeropuerto, [lago de] Texcoco, requiere una salida más tranquila y él se está moviendo, pero con un propósito: refrendar el triunfo de 2024; ganar 2024 para uno de los suyos, para la fuerza política que él fundó.

—Para su proyecto, para el proyecto nacional progresista.

—Así es. Lo veo con mucha claridad. Tengo 24 años de conocerlo, de acompañarlo. Conozco prácticamente todos sus movimientos. No nos engaña. Es un hombre predecible. Podrán decir todo lo que quieran de él pero no nos engaña. Dice lo que va a hacer y lo hace. No finge. No simula. No miente y por eso el zigzagueo ideológico le encabrona —se corrige—: bueno, le molesta tanto. Porque los siente simuladores y por eso es que él se está moviendo a actuar con mayor certeza y estrategia, para no polarizar más de la cuenta en esta última etapa.

"¿Para qué se polariza si está ganando todo? Si los seis estados [en las elecciones para gubernaturas de 2022] los puede ganar. Si ya tiene 17 estados del país [a 2021], si tiene un 68 por ciento de intención de voto si fuera a volver a votar la gente

"Yo sí tengo temor de que, si no atenúas la pobreza, habrá dificultades en el campo y en las zonas urbanas pobres. Por eso la política social del presidente es la más importante en la historia de México".

por él. O sea, ha crecido más del 50 por ciento que tenía en la elección de 2018. Entonces, yo creo que a pesar de que tenemos dificultades como las que yo he señalado, como asignaturas pendientes, la posición del presidente ha sido cuidadosa, cautelosa y firme. Él programa, él elabora el diagnóstico, él ejecuta, él vigila y su círculo es muy corto, muy reducido. Por eso él es el que toma las decisiones", afirma Monreal.

—¿No temen que la gente se exaspere con temas muy puntuales?

—Sí. Mira: soy de los que afirma que, en 2018, el arribo de López Obrador a la Presidencia y al gobierno de México despresurizó una crisis social que venía. Si no hubiera ganado Andrés Manuel o le hubieran robado de nueva cuenta la Presidencia, habría habido explosión social. No me queda ninguna duda.

"Detuvo la explosión social por la desigualdad y la pobreza el arribo del presidente López Obrador, porque se renueva la esperanza de que ahora sí vamos a poder tener mayores satisfactores, mayor igualdad. Yo creo que eso el presidente lo ayudó.

"Yo sí tengo temor de que si no les das satisfacción o al menos atenúas el proceso de pobreza en México, tendremos dificultades y los tendremos en el campo y en las zonas urbanas pobres, que a veces están mucho más necesitadas que en el propio campo. Sí, yo sí tengo preocupación y tengo temor de que pueda haber grupos o regiones donde, ante la desesperación por la falta de alternativas, puedan irrumpir de manera crítica socialmente. Sí lo tengo y por eso la política social del presidente, para mí, es la más importante en la historia de México y eso ha atenuado un poco pero no resuelto el problema".

Monreal advierte:

—Los programas de adultos mayores, de discapacitados, de becas, de Jóvenes Construyendo el Futuro, ayudan, atenúan y frenan. Pero no resuelven, hasta este momento, el tema de la pobreza y la desigualdad. Tenemos que ser más audaces para buscar fórmulas que se acerquen más a la solución; más de fondo en estos graves problemas y desafíos, que son los retos más importantes del siglo XXI y del México moderno.

—¿Cuáles son las ventajas que tiene el proyecto conservador?

—Yo te diría que ninguna. El proyecto conservador no tiene ninguna ventaja para un país como el nuestro. El proyecto conservador tiene privilegios con las élites, pero no está preparado socialmente para el trato con los sectores mayoritarios y vulnerables. El sector conservador sólo es, y ha sido, a menos que cambie con el tiempo, la apropiación de la riqueza y la acumulación. Hacia abajo no tiene ninguna preocupación.

"Este es un grave problema del conservadurismo desde que se creó. Por eso, para mí, el proyecto conservador no tiene posibilidades de triunfar. Por eso advierto que salvo que cometamos el error de dividirnos en Morena, es la única manera de poner en riesgo el proyecto.

"Yo te diría que si nosotros cuidamos de aquí a 2024 la unidad, es la mejor garantía para ganar. Como está ahorita, ganaría Morena en cualquier momento y en dos años no va a cambiar, salvo que hubiese ruptura, fractura o división. Esa es la única manera de poner en riesgo".

—La única posibilidad del proyecto conservador es un desgajamiento en el otro polo.

—El progresista, digamos.

—¿Y usted se ve en esa disyuntiva?

—No. Yo me veo en Morena. Voy a luchar en Morena. Tengo que mantenerme en Morena porque yo soy fundador de Morena. Creo en este proyecto. He acompañado al presidente 24 años y soy militante de Morena. Aun cuando él [López Obrador] ejerza su función y emita mensajes, símbolos, signos de preferencia marcada por alguno de los... ejem... por alguna de las aspirantes. Aun así yo voy a luchar, porque yo me considero de los de abajo y mi apuesta es con los de abajo, no con las cúpulas ni con la nomenclatura. Nunca he sido favorecido, protegido o promovido por ellas.

"Siempre mi vida pública ha sido complicada porque siempre me he enfrentado a la nomenclatura o a la cúpula económica o política del país. Ahora no varía, en esta jornada y en esta definición política que yo he tomado, de participar como candidato a la Presidencia de la República una vez que llegue el momento de inscribirse. Obviamente no tendré el cobijo de la cúpula. No sueño con eso, ni estoy esperando que a mí me señalen o que digan: 'Es este'. No. Nunca ha sido así. Perdería mi esencia. Por eso yo digo, sin afán peyorativo: yo soy de los de abajo y deseo que los de abajo me respalden y me apoyen, porque estoy muy alejado de las cúpulas", argumenta.

—¿Usted ve el retiro del presidente Andrés Manuel López Obrador en septiembre de 2024?

—Sinceramente, no. Él va a seguir siendo un hombre influyente en el movimiento...

Cuauhtémoc Cárdenas

No veo un plan del cómo y hacia dónde va México

CUAUHTÉMOC LÁZARO Cárdenas Solórzano no sólo no ve que el proyecto del presidente Andrés Manuel López Obrador sea una alternativa al neoliberal que ha regido México por más de tres décadas: tampoco advierte un plan de la Cuarta Transformación que a la vez impulse el desarrollo y se comprometa con los votantes.

—Son muchos cuadritos los que hay que llenar y muchos cuadritos que se llenan o no se llenan —dice—; pero yo lo que no veo es una ruta para resolver lo que podemos llamar "los grandes problemas"; esto es, el ingreso de la gente.

El hijo del general Lázaro Cárdenas del Río, de 87 años, tiene confianza en que se está gestando una nueva alternativa de izquierda —distinta a lo que ofrece Morena, partido del presidente.

—¿En dónde va a nacer, de dónde va a venir?

—De la gente. De la gente —responde, convencido—. Hay muchas propuestas dándose en el país; hay grupos que están proponiendo hacer tales o cuales cosas; propuestas más amplias, integrales o no. Yo creo que eso existe y lo vemos en universidades; lo vemos en distintas asociaciones.

Cárdenas Solórzano, quien nació un Día del Trabajo —y su padre no pudo darle la bienvenida al mundo porque asistía al desfile obrero—, tampoco advierte un proyecto opositor de derecha en la alianza Va por México, la mayor de la historia, formada por PRI, PAN y PRD con el aval del empresariado.

—Esa coalición está contra lo que haga el presidente de la República y no tiene ninguna otra propuesta —dispara—, lo cual no me dice nada.

Pero lo que realmente le preocupa es el gobierno de López Obrador. El tabasqueño ha sido aliado en varias luchas, pero no necesariamente es afín, cercano. Y Cárdenas no ve avances. De hecho, ve retrocesos. Y se nota que analiza los indicadores con regularidad: empleo, pobreza, inversión, crecimiento, desigualdad, etcétera. Los trae en la mano, y los usa.

Cuauhtémoc Cárdenas es hijo de presidente. Creció en la Residencia Oficial, que su padre bautizó como Los Pinos porque no le gustó que el rancho que ocupaba esa parte del Bosque de Chapultepec se llamara "La Hormiga". En una huerta llamada Los Pinos, Lázaro, su padre, enamoró a su madre, Amalia Solórzano. De allí el nombre.

Cuauhtémoc Cárdenas buscó tres veces ocupar Los Pinos. Tres veces se le negó: sobre él impusieron a Carlos Salinas de Gortari, Ernesto Zedillo y Vicente Fox. En la elección de 1988, al menos, hubo fraude electoral. Y veinte años después se cometió, de acuerdo con la izquierda, otro fraude. Ahora contra López Obrador. Pero en 2018, el político tabasqueño ganó con votos abrumadores. Y tres años después, en diciembre de 2021, que es cuando se realiza esta entrevista, el balance que hace el ingeniero —suele decírsele "ingeniero"— no es bueno.

Se acomoda en un sillón, zapatos cómodos y ropa relajada, en un estudio que derrama historia: su padre, él, su esposa, que acaba de fallecer —Celeste Batel murió el 19 de octubre de 2021—, en fotos, pinturas y grabados. Emiliano Zapata y otros héroes. Libros, muchos. A un lado de ese estudio que claramente usa con intensidad, en una oficina menor, una asistente responde a su llamado.

La primera pregunta lo suelta, de inmediato, y hace un balance que suena a decepción, a reclamo.

—Yo estoy preocupado porque veo que muchos problemas que veníamos arrastrando: pobreza, desigualdad, crecimiento económico, violencia, no sólo no se han resuelto, no se han disminuido, sino que han aumentado con el transcurso del tiempo. Esto es, tenemos una pobreza muy alta, más alta que muchos otros países en peores condiciones que nosotros. Tenemos una enorme desigualdad de carácter social; grandes diferencias que no se cierran, que no se acortan.

"Tenemos", sigue, "una economía que crece con insuficiencia. Entonces a veces nos dicen que vamos a crecer más, a veces menos. Pero, de hecho, todavía no superamos la caída de 2020. Es decir, todavía no llegamos a los índices de 2020. Y tenemos una situación de violencia y, lo juntaría, de violencia y control de territorios por parte de la delincuencia. Tráfico de drogas, de personas. En fin, todo lo que ahora se llama 'el crimen o la delincuencia organizada' que ahí está. Y no sólo ahí está, sino que crece y yo no veo que esto, en la práctica, esté disminuyendo.

"Es cosa de encender el radio y escuchar en cualquier noticiero, mañana, tarde, mediodía; de tomar cualquier revista que trate de temas políticos, sociales, de actualidad. Y vemos que las cosas están, en el mejor de los casos, difíciles; y que no se ven soluciones a lo que podemos llamar 'grandes problemas nacionales'", dice.

El rostro, que de por sí siempre es grave, ahora luce endurecido. Sigue:

—La calidad de los servicios de educación, no hablo ya mucho de [risa corta] salud. Traemos la pandemia y bueno, evidentemente, el sistema de salud es deficitario como es el educativo. El Estado, no el gobierno; el Estado no cumple satisfactoriamente sus funciones de recaudación, de realización de obra pública, de brindar seguridad a la gente, de ofrecer trabajo.

Cárdenas no se interrumpe:

—Tenemos altas tasas de desocupación, más allá de cómo se quiera medir el empleo o el desempleo. Tenemos insuficiencias en el empleo formal. Tenemos crecimientos a veces en el empleo informal pero, en fin, al final de cuentas somos también deficitarios en la oferta que nuestra economía tendría que hacer para el trabajo formal. Yo diría que esto es una visión muy apretada de cómo estoy viendo las cosas y lo que me preocupa.

"Esto no quiere decir que no haya realizaciones importantes en otros aspectos", concede, "hay una obra pública en proceso; hay una mejor relación o una buena relación, yo diría una buena relación internacional, en términos generales", pero de inmediato retoma el diagnóstico negativo: "Estamos, seguimos estando lejos de América Latina, pero esa ha sido una tendencia aquí, en el país, desde hace ya varios sexenios atrás".

Concede otra vez, pero no parece seguro:

—Pero, en fin, yo diría que hay cosas que están caminando, seguramente hay efectos positivos en algunos programas de entrega de dinero, por distintas razones. La siembra de árboles, los apoyos a los mayores, etcétera. No, no tengo estadísticas. No podría yo decir cómo van esos programas pero bueno, quiero pensar que pueden tener efectos positivos pero insuficientes, frente a la situación general del país.

Cárdenas continúa su diagnóstico, abundante y sin interrupciones.

"Yo no veo que [el neoliberalismo] haya terminado. No se está impulsando un proyecto neoliberal, pero las estructuras que se montaron entonces, en general, ahí están".

—Yo no veo un plan de trabajo definido, una visión general de cómo y hacia dónde conducir al país. Esto es, por parte del Estado, por parte del gobierno en este caso particular. No tenemos una propuesta económica. No tenemos una propuesta de cuál es la política económica que nos va a permitir recuperar el crecimiento en el largo plazo.

"No tenemos una propuesta, tampoco, de cómo se deben enfrentar ciertos problemas, ciertos temas", se sigue, viendo los ojos de sus interlocutores y sin mover las manos o cambiarse de posición. "Educación; primero, los ciclos obligatorios de acuerdo al mandato constitucional que va desde el jardín de niños, la primaria, la secundaria y la media superior, que es preparatoria. Tampoco tengo las cifras en la mano pero yo podría decir: la primaria está razonablemente con grandes diferencias en su calidad y, por lo tanto, en sus resultados; pero, digamos, está cubierta. Jardín de niños, pues yo creo que debemos andar a la mitad. En la secundaria hay una gran deserción. En la preparatoria ya no llegan todos los que tendrían que llegar y esto se supone que son ciclos obligatorios; es decir, por los que tendrían que pasar todo mexicano.

"El Estado y la sociedad", señala el tres veces candidato presidencial, "yo diría, juntos, han sido incapaces para realmente universalizar estos ciclos de la educación; y no veo hasta este momento ninguna propuesta definida de cómo vamos, simplemente, a universalizar una primaria de calidad, para no hablar de los demás.

"Hay compromisos internacionales que tienen que ver con el cambio climático; están los Objetivos del Desarrollo Sostenible. Vamos rezagados respecto a eso. Son 17 y vamos rezagados prácticamente respecto a todos. Tampoco veo una propuesta en donde se nos diga: 'Aquí está un plan para enfrentar el cambio climático o para enfrentarlo o para satisfacer el compromiso internacional suscrito por el Estado mexicano respecto a los Objetivos de Desarrollo Sostenible'".

Quizás sea una minoría en México que no sepa que Lázaro Cárdenas del Río nacionalizó el petróleo —18 de marzo de 1938— y que la energía ha sido un tema del hijo, pues en su balance sobre los tres años de López Obrador tiene mucho que decir:

—Tampoco hay una propuesta clara, que sería indispensable en estos momentos, respecto a la transición energética. Hay una iniciativa, no la voy a desmenuzar ni mucho menos; no la he estudiado con ese detalle, pero ahí se está planteando que el Estado mexicano se haga responsable de la transición energética. Quiere decir, más energías limpias, etcétera, etcétera.

"Bueno, no tenemos un plan", agrega. "No tenemos hojas de ruta de cuál puede ser la transición energética. ¿Cómo vamos a llegar a que el Estado cumpla? Yo diría que en términos generales está cumpliendo: suministrar energía eléctrica o energía a todo el país y a todo el territorio nacional y a toda la población; digo, yo diría, eso está razonablemente cubierto. Pero no sabemos qué va a pasar con las plantas termoeléctricas, o cómo vamos a impulsar más las energías limpias o si vamos a recurrir a las nuevas fuentes que existen, por ejemplo de las corrientes marinas o… en fin. No tenemos una claridad de por dónde conducir la transición energética.

"O cómo vamos a lograr, por ejemplo, que en el caso del

transporte utilicemos más híbridos gasolina-electricidad, más híbridos hidrógeno-electricidad. No hay una propuesta. No se sabe qué se quiere hacer para realmente cumplir con estos objetivos. Me parece que esto sería indispensable en cualquier país y en cualquier Estado para poder cumplir cuestiones básicas hacia el conjunto de la población. Incluso en cumplir compromisos internacionales que el país ha suscrito".

—Yo diría que [...] algo que ha estado faltando desde hace muchos años —apunta Cuauhtémoc Cárdenas— es el establecimiento de un sistema real de planeación nacional. Se formula cada inicio de sexenio. En los primeros seis meses del sexenio, el Plan Nacional de Desarrollo. Y en esta ocasión, en este sexenio, también se elaboró. Y yo aquí preguntaría: ¿ustedes saben qué se ha cumplido, qué no se ha cumplido del Plan Nacional de Desarrollo de este sexenio?

"Y los planes de los anteriores sexenios", agrega, "están en algún buen cajón, con muchas telarañas, porque nunca hemos conocido en un Informe Presidencial o en los boletines que normalmente tiene que hacer el gobierno, que nos digan sobre

"Y esto es lo que sigue provocando que crezca la pobreza. Hay un mayor número de pobres que cuando empezó la administración. La desigualdad no cambia".

el cumplimiento del Plan Nacional de Desarrollo. A lo mejor hay alguna oficina que lleva algún registro. Pero esto no es lo que se da a conocer, lo que se divulga masivamente. No sabemos si se cumple, si no se cumple. Y ni siquiera para qué se elaboró.

"Entonces así hace falta un sistema de planeación que nos permita saber si cumplimos lo que nos proponemos o no cumplimos lo que nos proponemos. Si hay avances, bueno, pues qué estimuló ese avance para aprovecharlo o dónde estuvo el impedimento para cumplir una meta determinada y quién tiene responsabilidades. ¿Por qué no se pudo cumplir? Porque hubo un terremoto o simplemente porque se desviaron los fondos a otras cuestiones, o se perdió el esfuerzo.

"Son muchos cuadritos los que hay que llenar y muchos cuadritos que se llenan o no se llenan; pero yo lo que no veo es una ruta para resolver lo que podemos llamar 'los grandes problemas'; esto es, el ingreso de la gente. Ha habido, sin duda, elevaciones en el salario mínimo, ¿sí? Pero la disparidad de ingresos que existe en el país ahí está, y no se ven medidas específicas que pudieran tender a disminuir la desigualdad. ¿Cómo? Pues con trabajo formal, con un sistema de seguridad social realmente universal que incluya, entre otras cosas, un sistema de salud también universal. Y no sólo lo universal o la universalidad, sino la calidad; esto es, hay que universalizar también las calidades, y digo calidades porque pensamos en la educación, pensamos en seguridad, que son sistemas donde tiene que haber participaciones conjuntas tanto del Estado como de la sociedad.

"Salud, evidentemente; se tienen que revisar todas las cuestiones de pensiones; hay muchos señalamientos de que están generando ya una carga o pueden generar una carga difícil de enfrentar. Yo no conozco este tema, pero digamos, son de las cuestiones que tendrían que estar presentes en el debate político nacional", dice Cárdenas.

SE LE RECUERDA un capítulo amargo para él y sin duda para la Nación: el fraude de 1988. Y de antes, de cuando la fundación de la Corriente Democrática del PRI y del Frente Democrático Nacional que le sucedió. Y luego cómo, en 1994, el ingeniero advertía que, si no se le ponía un freno a lo que estaba en curso, la construcción del proyecto neoliberal, iba a costar mucho trabajo desmontarlo.

Cárdenas dijo entonces que llevaría generaciones recomponerlo. Luego vino la llamada "alternancia simulada" con el PAN en 2000. Y el mismo modelo económico.

La pregunta: eso terminó en 2018, ¿o no? La respuesta, en automático:

—Bueno, yo no veo que haya terminado. No se está impulsando un proyecto neoliberal pero, digamos, las estructuras que se montaron entonces, en términos generales, ahí están. Y esto es lo que sigue provocando que crezca la pobreza. Hay un mayor número de pobres que cuando empezó la administración. La desigualdad no cambia. La economía tampoco crece a los ritmos que requiere la satisfacción de todas las necesidades de la población. En trabajo, en ingreso, en la diversificación de la propia economía. Es decir, tampoco la estamos viendo en esos términos. Entonces yo diría: muchas de estas estructuras se mantienen y entre otras cosas lo atribuyo a que no se ha tenido una propuesta que se esté llevando a la práctica para saber qué hacer en cada momento.

—¿Entonces se quedó corto el presidente López Obrador? ¿Qué faltó?

—Bueno, yo no sé si vayamos a estar iguales o con las mismas tendencias positivas o negativas de aquí a tres años. No podría afirmarlo. Pero yo creo que algo que falta, justamente entre otras cosas, en un sistema democrático, es instrumentar, poner en marcha un sistema de planeación, que quiere decir: no sólo saber qué se quiere hacer, sino tener clara la propuesta. Un Plan de Desarrollo es al mismo tiempo la aceptación de un compromiso.

"Esto es", se sigue, "'Yo me comprometo a que si invierto tanto, voy a tener tantas viviendas, tantos kilómetros de carretera; voy a disminuir la delincuencia porque hemos hecho esto a través de acciones del Estado'. Acciones del Estado quiere decir proyectos productivos, escuelas, clínicas, programas de capacitación para el trabajo, etcétera, etcétera. A través de este tipo de presencias del Estado, estamos desplazando a la delincuencia; esto es, ya no hay vacíos que no estén llenos por parte del Estado y de la sociedad, que tienen que ir juntos en este caso.

"Si la acción del Estado en un territorio que hoy está controlado por la delincuencia llega; llega mejor seguridad, llegan carreteras, llegan proyectos productivos, llega trabajo formal, llegan clínicas, escuelas, etcétera, pues eso desplaza a la delincuencia, automáticamente desplaza a la delincuencia. Pero eso requiere de un trabajo en tiempo, ordenado en los recursos que se le aporten para poderlo realizar".

—¿Hay una disputa por la Nación, ingeniero Cárdenas, como lo plantearon en su momento Rolando Cordera y Carlos Tello? Si hay una disputa por la Nación con dos proyectos, ¿cómo los define?

—Yo creo que uno es el proyecto que está vigente desde principios de los ochentas. El neoliberal es un proyecto por un lado de subordinación económica y política a los Estados Unidos, a los intereses que dominan finanzas y política en los Estados Unidos; digo, creo que esto es muy claro, que tiene una distribución muy desigual del ingreso; es decir, fuertemente excluyente en lo social. Este es un proyecto que está vigente y yo diría que es el que, en términos generales, domina la vida económica del país.

—Al proyecto de Nación neoliberal le corresponde un proyecto de Nación alternativo. ¿Identifica usted el proyecto que encabeza López Obrador como el alternativo al neoliberal?

—No. No, no diría yo lo mismo. Es decir, no diría yo eso. Veo que tiene que haber un proyecto alternativo que entre otras cosas profundice en la actividad, en la construcción democrática tanto social como económica, y eso no lo estoy viendo.

—Va en el sentido de lo que usted ha dicho: no ve a un gobierno de izquierda.

—Pues a mí, como sabes, no gusta mucho la geometría en estas cosas porque pues puede querer decir mucho o puede no querer decir nada; es decir, ¿cuáles son los contenidos?, ¿qué propuesta económica?, ¿qué propuesta de sociedad?, ¿qué instituciones políticas se van a fortalecer, a desaparecer, a impulsar?, ¿cómo vamos a organizar la relación entre los poderes?, etcétera. Es decir, vamos a discutir contenidos y a partir de ahí

"La economía tampoco crece a los ritmos que requiere la población. En trabajo, en ingreso, en la diversificación de la propia economía. Tampoco la estamos viendo en esos términos".

nos empezamos a entender, ¿no? Y no sólo de derecha, izquierda o centro, ¿no?

—El neoliberalismo sí es un proyecto muy bien definido. Es clarísimo lo que ha buscado y lo que ha provocado también. ¿Reconoce usted algún otro proyecto en desarrollo o en vías de construcción que pudiera significar una alternativa frente a esto?

—Puedo reconocer acciones que van en contra de una práctica neoliberal, las puedo reconocer. No, no encuentro una propuesta general; un proyecto general que esté instrumentándose conscientemente para echar abajo y modificar las condiciones que impone el neoliberalismo.

"Es decir, para abrir democráticamente la sociedad, para tener una economía que favorezca más al país y no sólo hacia afuera o no principalmente hacia afuera; donde puedan compartirse beneficios dentro y fuera; donde podamos tener más actividades que impulsen desarrollos regionales, que no los tenemos; que impulsen crecimiento de ciertos sectores donde podemos tener ventajas comparativas, como se dice, por las condiciones mínimas del país, por los recursos naturales de los que se dispone, por las posibilidades que tienen los distintos productos agrícolas; por la diferencia de climas, regiones, etcétera, que tenemos y donde podríamos estar generando o produciendo no sólo productos primarios sino buscar la industrialización".

—Si hay un proyecto alternativo de Nación, ¿en dónde va a nacer, de dónde va a venir?

—De la gente. De la gente. Hay muchas propuestas dándose en el país; hay grupos que están proponiendo hacer tales o cuales cosas; propuestas más amplias, integrales o no. Yo creo que eso existe y lo vemos en universidades; lo vemos en distintas asociaciones. No lo veo en los partidos políticos, que estarían obligados a tener una propuesta integral para el país, tanto en lo social, político, económico, cultural, eso no lo veo. Y ahí, esa es una responsabilidad que tienen los partidos políticos y que no la están cumpliendo. Más allá de cuál partido o cuál no.

Se le pregunta sobre Va por México, la alianza que Claudio X. González y Gustavo de Hoyos lograron con el PRI, PAN y PRD.

—Esa coalición está contra lo que haga el presidente de la República y no tiene ninguna otra propuesta, lo cual no me dice nada.

También se le pregunta sobre la alianza del PRD —partido del que él fue fundador— con el PAN y PRI, partidos que han sido su verdugo.

—Yo salí en el 14 del partido y, pues, yo no me meto en casa ajena —responde, y agrega—: Tengo amigos, tengo conocidos, me encuentro con más de alguno con alguna frecuencia. Pero fuera de eso no, como institución, como partido político. Pues que les vaya bien, simplemente.

Se le pregunta a Cárdenas si ve dos fuerzas enfrentándose en 2024.

—Está una confrontación entre el partido en el gobierno y los demás, en términos generales. Pero ni en uno ni en otro veo qué nos están proponiendo.

—¿Siente a México viviendo una "normalidad democrática"?

—Tenemos una democracia que todavía tiene mucho, mucho por mejorar. Incluso en las cuestiones electorales; yo creo que todavía en lo electoral tenemos que garantizar, y esto no está garantizado todavía, que no haya intromisiones de funcionarios; que no haya dinero sucio. Pero tendríamos que pensar que la democracia no es sólo electoral. Esto es, yo diría que un elemento fundamental de la democracia es la igualdad. Y ahí estamos muy lejos. Llámese igualdad ante la ley, ante la sociedad, ante las oportunidades de mejoramiento. Ahí estamos muy lejos todavía; de acceso a los servicios fundamentales; de que haya igualdad, por ejemplo. Y en otros aspectos, si nos vamos a cuestiones laborales, etcétera, pues también habría que pensar en políticas laborales ya actualizadas en función de los cambios que se están dando dentro del mundo del trabajo, por ejemplo.

—Caminamos una democracia electoral pero no económica, no social.

—Sin duda tenemos mejores elecciones que las que había antes de 1997, concretamente; pero todavía no son elecciones que nos den confianza a todo mundo.

—¿Qué tanto ha cambiado México en términos políticos y sociales del inicio del gobierno de Miguel de la Madrid, cuando se instaura en México el modelo neoliberal, a la fecha?

—Está muy difícil la respuesta. Digo, son muchas. Esto es, en ingreso no estamos mejor, en términos generales; en concentración del ingreso estamos peor; en pobreza estamos peor; en empleo no estamos mejor tampoco. Hay más informalidad en el empleo que formalidad. En fin, no vamos bien. Vamos en una tendencia negativa. No hemos logrado revertir esa tendencia.

—Aunque en términos políticos el país es muy diferente que cuando usted inició la lucha por la democratización en México.

—Sin duda hay un cambio. Sí hay posibilidades de participación, sin duda alguna. Se han multiplicado los partidos políticos. Ahora no hay nada más partido del gobierno y los partidos que pudiéramos llamar "satélites" y alguno en la oposición. Yo diría que ahora hay mucha más oposición. No deja de haber algunos satélites por ahí, pero eso es otra cosa, ¿no?

—¿Tiene usted esperanza, ingeniero, de que una fuerza democrática progresista se consolide más adelante?

—Yo soy optimista. No sé ni cómo, ni cuándo, ni cuántos, pero yo quiero ser optimista en que un cambio positivo se va a dar para el país.

"Muchas de estas estructuras se mantienen y entre otras cosas lo atribuyo a que no se ha tenido una propuesta para saber qué hacer en cada momento".

—Porque están al acecho los otros.

—Evidentemente.

—Y están articulándose y están en su derecho.

—Así es.

—Y son los que enarbolan el proyecto neoliberal.

—En términos generales, sí.

El proyecto patronal

Por Álvaro Delgado Gómez

DETRÁS DE LOS ALTOS MUROS cubiertos de enredaderas tipo inglesas hay una mansión, en las Lomas de Chapultepec, Ciudad de México, que tiene al costado izquierdo, frente al jardín arbolado, una terraza con sillones junto a dos sombrillas que se abren si el sol castiga.

Es la residencia del magnate Claudio X. González Guajardo. En esa terraza, justo al iniciar la pandemia y "casi en la clandestinidad", se concertó el más ambicioso proyecto unitario de la oposición en casi un siglo, lapso en el que los partidos coaligados hegemonizaron el poder y cuya fase neoliberal de tres décadas los uniformó.

En esa terraza, un espacio abierto bajo la fronda de dos árboles de cuyas ramas cuelgan adornos de vidrio, se pactó formalmente el proyecto conservador que desafía al del presidente Andrés Manuel López Obrador, denominado Cuarta Transformación, definidos ya los dos polos históricos que se alistan para chocar en 2024.

Los detalles de la trama, que ha cohesionado a las élites política, económica e intelectual de México —dominantes por décadas y derrotadas en las elecciones de 2018—, son plenos de simbolismos políticos y periodísticamente fascinantes.

Con el fin máximo de retomar el poder en 2024, la Presidencia de la República y el Congreso, la coalición Va por México se gestó, en marzo de 2020, en la mansión de González Guajardo, convertida en el centro de operaciones de los dirigentes de cuatro partidos políticos con registro —PRI, PAN, PRD y Movimiento Ciudadano— y uno en formación, México Libre, para construir el proyecto alternativo al de López Obrador, quien dos años antes los venció a todos.

La etapa embrionaria de la alianza se produjo en al menos once reuniones, teniendo como anfitrión al primogénito de Claudio X. González Laporte, presidente del Consejo Mexicano de Negocios (CMN) cuando se inició la instauración en México del modelo neoliberal, con Miguel de la Madrid Hurtado, y que profundizó Carlos Salinas de Gortari, de quien fue asesor personal.

Abogado enriquecido con la creación y usufructo de organizaciones filantrópicas vinculadas a la educación —y padre, según él mismo, de la Reforma Educativa de Enrique Peña Nieto—, González Guajardo no sólo unió a los tres partidos históricos de México —que en las elecciones de 2021 fracasaron en arrebatarle al oficialismo la mayoría en la Cámara de Diputados—, sino que es autor de "Un México ganador", el programa del gobierno de coalición que se propone para 2024.

Es también el constructor en todo el país de una estructura territorial denominada "Ciudadanos al rescate nacional", paralela a los partidos políticos, que tiene Sí por México —también fundada por él—, la matriz de organizaciones empresariales, confesionales y hasta secretas para desplegarse en las 32 entidades federativas y en los principales 83 núcleos urbanos del país.

Pero además de la coalición, que pretende sumar para el 2024 al partido Movimiento Ciudadano, el plan de gobierno y la estructura nacional, es el creador del cronograma estratégico que prevé la designación del candidato presidencial de Va por México, en enero de 2023, simultáneamente a los contendientes por la gubernatura del Estado de México, ese mismo año, y la Jefatura de Gobierno de la Ciudad de México.

Este proyecto de Nación, alternativo al de López Obrador y Morena, es pleno de simbolismos en su concepción y destino: fue construido en el domicilio del hijo mayor del principal asesor empresarial de Salinas de Gortari, quien tres décadas antes —tras el fraude electoral de 1988 contra Cuauhtémoc Cárdenas— creó la primera versión del PRIAN que aprobó todas las reformas neoliberales y que fue derrotado en las elecciones de 2018.

Y en la concepción, articulación y consumación de la alianza de los partidos Revolucionario Institucional (PRI), Acción Nacional (PAN) y de la Revolución Democrática (PRD) fue clave también la Confederación Patronal de la República Mexicana (Coparmex) mediante su presidente, Gustavo de Hoyos, defensor de los intereses de grandes corporaciones.

En la forma y en el fondo, la coalición PRI-PAN-PRD representa el proyecto de los patrones del país y de las élites partidarias que, sin ninguna autocrítica cuando gobernaron el país, se ofrecen como salvadoras de la "destrucción" que atribuyen a López Obrador, a quien le han dado la razón histórica de que representan lo mismo.

El primer objetivo del proyecto de González Guajardo, según Gustavo de Hoyos, fue "romper el paradigma de que era imposible una coalición formal entre el PRI y el PAN y entre el PRI y el PRD", los tres partidos históricos que, en 2012, Peña Nieto ya había unido en el Pacto por México y que López Obrador categorizó como el "PRIAN" por el cogobierno que priistas y panistas establecieron desde Salinas de Gortari.

"Entonces", añade el líder patronal, "había que derrumbar el muro, esta leyenda, superar el mito del PRIAN, para decirlo con toda claridad, y entender que en una democracia madura las alianzas, para empezar, no son matrimonios eternos y obedecen a circunstancias".

Y hacia 2024, prevé el ex presidente de Coparmex, "Va por México, con la participación de MC, va a ser la formación plural política que va a encabezar el primer gobierno de coalición de la historia de este país".

El plan, aclara, es sumar al partido Movimiento Ciudadano

en el proceso 2024, porque a lo que Dante Delgado se negó fue sólo para los procesos de 2021 y 2022: "En el proceso de gestación de la coalición, nosotros empezamos, Claudio y yo, con entrevistas uno a uno con los liderazgos formales y en algunos casos con los liderazgos fácticos de algunos de los partidos, o históricos, para decirlo más bonito. La postura del fundador de MC desde ese momento fue clara, contundente, inequívoca de que no iba a ir a la coalición".

Marko Cortés, presidente del PAN —la principal fuerza de oposición—, reniega del origen histórico de su partido, que nació un año después de la expropiación petrolera de Lázaro Cárdenas de 1938, y admite que era "impensable" esta coalición con el PRI tanto "como impensable era la destrucción del país que estamos viendo" actualmente.

"El PAN no nace para oponerse al PRI, el PAN nace para generar ciudadanía, para generar una alternativa a los mexicanos, para combatir el autoritarismo y hoy estamos viviendo el peor autoritarismo", enfatiza Cortés.

Y clama por sumar a más empresarios como González Guajardo y De Hoyos: "¡Más Claudios, más Gustavos, más gente de la sociedad que diga: 'Ya estuvo, se están llevando al caño al país'".

El PRD, partido que se asume de centro izquierda, se unió a la coalición del PRIAN porque los radicalismos pertenecen al pasado, explica Jesús Zambrano, su presidente, quien hace medio siglo militó en la Liga Comunista 23 de Septiembre, la organización guerrillera que, en 1973, intentó secuestrar al patriarca empresarial Eugenio Garza Sada, quien murió en medio de una balacera.

La época de que la izquierda "comía empresarios" ha sido

superada, aduce Zambrano. "Ahora decimos: 'En lugar de comer empresarios, queremos comer y platicar con los empresarios'. Es otra circunstancia".

Pero aclara que la relación de los líderes partidarios con González Guajardo y De Hoyos es de iguales: "¡No somos empleados de Gustavo ni de Claudio, ni ellos son nuestros patrones!".

De lado del PRI, los negociadores con González Guajardo fueron dos prosélitos de Salinas de Gortari: Alejandro Cárdenas, alias *Alito*, presidente de ese partido, y Rubén Moreira, ex gobernador de Coahuila y coordinador de los diputados federales, cuya esposa, Carolina Vaggiano, se convirtió en panista para ser la candidata "externa" de Va por México a la gubernatura de Hidalgo.

Avasallada por el movimiento liderado por López Obrador, que la llamó "moralmente derrotada", la oposición dio de tumbos en los dos primeros años del sexenio y entonces comenzó a ser reagrupada —en medio de la crisis de salud— por González Guajardo, miembro de la patronal y participante en las campañas priistas de Salinas y Ernesto Zedillo, de quien fue asesor en la Oficina de la Presidencia durante todo el sexenio.

"Estuve en un tiempo en la función pública, trabajé en la Secretaría del Trabajo, en la Secretaría de Agricultura y luego tuve la oportunidad de acompañar al presidente Ernesto Zedillo los seis años de su presidencia en la Oficina de la Presidencia", contó él mismo a un grupo de simpatizantes, el 9 de noviembre de 2021, cuando explicó la génesis de Va por México.

"No debemos hacerle un desdén o un fuchi a los partidos políticos", aconsejó el magnate, quien expuso que, en el objetivo de vencer a López Obrador, el historial de corrupción y desprestigio de los políticos es secundario. "Hay que lidiar con ello, y no nos puede dar asco", insistió.

"Cuando me planteé esto de buscar a los partidos de oposición, allá en marzo del año pasado, sabía que la coalición iba a ser imperfecta, iba a estar formada por partidos con todo un historial y con problemas", confesó en esa larga charla, difundida a través de Twitter, pero advirtió: "Tenemos que jugar con los jugadores que hay, ese es el *real politik*".

El plan de González Guajardo para ganar a Morena en 2024 tiene como base la unidad de PRI, PAN y PRD —"si cualquiera de ellos sale de la coalición, las probabilidades de que Morena refrende el poder son altísimas"—, además de sumar al partido que encabeza Dante Delgado.

"No podemos fraccionarnos. La unidad es el valor a cuidar aquí por sobre cualquier otro valor. La única fórmula para poderle hacer una competencia verdadera al oficialismo y a sus pretensiones autoritarias es unidad: de los tres [partidos] que están unidos y tratando de sumar al cuarto, al quinto, al sexto, y luego la unidad de estos con la sociedad que quiere el cambio. Unidad es la palabra clave operativa".

Y es que después de que el 11 de marzo de 2020 se declaró oficialmente la pandemia en México, González Guajardo comenzó a convocar en su mansión a los dirigentes de los partidos políticos de oposición, cuyas reuniones ocurrieron al aire libre, en la terraza, a las que llegaban con atuendos que los protegían del virus.

"Muchas de esas reuniones, las primeras sobre todo, teníamos guantes, máscaras y careta", recuerda De Hoyos, quien como presidente del sindicato patronal del país hizo mancuerna con González Guajardo, fundador y presidente de la organización civil Mexicanos contra la Corrupción y la Impunidad (MCCI), financiada por magnates del CMN y el gobierno de Estados Unidos.

"Imaginen que en una sentada de esas se contagiara toda la clase política del país. Como los ejecutivos de una empresa que no vuelan todos en un avión por seguridad, teníamos que ser muy responsables", recuerda el abogado. "Literalmente nos estábamos jugando la vida".

El ex guerrillero Zambrano, entusiasta del proyecto contra López Obrador, evoca el ambiente de cuidados que se vivía en las reuniones al aire libre, en el patio de la mansión de González Guajardo en las Lomas de Chapultepec, colonia donde habitan las familias más ricas de México.

"Yo nunca usé máscara, pero sí estos lentes especiales, gafas transparentes y desde luego con cubrebocas, y sanitizándote o poniéndote gel en las manos a cada rato: si te daban una taza con café, órale a cuidarte, ¿no?", refiere Zambrano, quien detalla las reuniones. "Se hacían en la tarde, las hacíamos al aire libre".

—¿En el patio de la casa de Claudio?

—De Claudio, sí.

En el objetivo de vencer a López Obrador y a la coalición encabezada por el partido Morena, a González Guajardo no le importó violar el Código de Ética de MCCI, que prohíbe todo comportamiento que implique conflictos de interés: "Existe un conflicto de intereses potencial cuando los intereses de una persona, los de su familia o terceros relacionados puedan afectar su toma de decisiones o comprometan su actuación eficiente y objetiva en el desempeño de sus funciones en MCCI".

González Guajardo renunció a la presidencia de MCCI el 24 de julio de 2020, cuatro meses después de que comenzó los conciábulos en su casa con los dirigentes de cuatro partidos políticos con registro y el de Calderón, lo que violó las reglas internas hasta de sus patrocinadores, como lo expuso un comunicado oficial de la organización que fundó: "El motivo de su salida fue que las actividades a las que el Dr. González Guajardo ha decidido dedicar su tiempo y esfuerzo no son compatibles con el objeto social y los propósitos de la organización. Nuestra acta constitutiva, así como los estatutos de algunas de las fundaciones de las que recibimos donativos, prohíben expresamente cualquier vinculación con partidos y movimientos políticos o electorales".

También como presidente de Coparmex, De Hoyos violó los estatutos del organismo patronal, cuyo artículo 4 ordena que sus "miembros no podrán participar en actos de política partidista ni realizar proselitismo a favor o en contra de partido político alguno o candidato a puestos de elección popular".

Si González Guajardo y De Hoyos ignoraron el historial de corrupción del PAN, PRI y PRD, lo de menos era violar las disposiciones de integridad de los organismos que presidían para conseguir su propósito.

El plan de González Guajardo de articular a toda la oposición contó de inicio con el respaldo de su amigo Santiago Creel, cuya coordinadora de asesores en la Secretaría de Gobernación durante todo el sexenio de Vicente Fox, María Amparo Casar Pérez, sucedió a González Guajardo en la presidencia de MCCI, que decidió ocultar temas de corrupción priista.

Creel fue clave para consumar el proyecto de Va por México

no sólo por ser tutor político de Cortés, presidente del PAN, ni por ser viejo conocido de priistas y perredistas en acuerdos desde el Grupo San Ángel, en 1994, la reforma electoral de 1996, la convalidación del Fobaproa de Zedillo y el Pacto por México de Peña Nieto.

De ahí que la primera reunión de González Guajardo y De Hoyos fue con Creel y Cortés, la segunda con Zambrano y Ortega, del PRD, y la tercera con Alejandro Moreno, presidente del PRI, quien se hacía acompañar de Rubén Moreira y/o José Murat, ex gobernador de Oaxaca y principal operador del Pacto por México de Peña Nieto.

"Fueron reuniones, primero, con cada fuerza partidaria. La primera fue el PAN, la segunda fue el PRD y la tercera fue el PRI", detalla De Hoyos, quien fue un activo convocante a los conciábulos en las Lomas de Chapultepec, al mismo tiempo que combatía a López Obrador desde la Coparmex.

Luego fueron convocados al domicilio de González Guajardo el entonces coordinador nacional y el secretario general del partido Movimiento Ciudadano, Clemente Castañeda y Jorge Álvarez Máynez —aunque también participó por separado el senador Dante Delgado—, mientras que por México Libre, que estaba en formación, asistieron a las reuniones Margarita Zavala y Fausto Barajas.

—¿Felipe Calderón no?

—No, el presidente Calderón no —responde De Hoyos—, en ninguna ocasión.

—¿Cuántas personas se llegaron a reunir con estas medidas de protección?

—Como máximo 12 personas, en un lugar abierto. Fácilmente lo digo: Dos por cada partido, uno o dos, pero nunca más de dos, que son cinco por dos, diez, más Claudio y quien te habla. Las más grandes, que fueron más hacia el final, hacia agosto, septiembre y octubre, fueron de 12.

No fue sencillo, pero el proceso se consumó, explica el abogado patronal: "¿Cómo fue este tránsito? Fue de menos a más, fue de una idea efectivamente que en su momento tenían dos personas, escuchando a otros, pero finalmente nosotros dimos el paso a tratar de materializar, pasar del abstracto a los hechos: convocar a los dirigentes partidarios, secuencialmente, uno a uno, luego un poco más amplio, hasta que se [logró] reunir a todos ellos, encontrar una agenda en común, encontrar bajo qué condiciones, en dónde sí, en dónde no podía haber una coalición, porque, por ejemplo, estuvo clarísimo desde un principio que en Querétaro no habría coalición y hubo una gran claridad donde sí habría esta coalición".

En marzo de 2021, a semanas de las elecciones federales, De Hoyos no tenía duda: "Cuando se escriba cómo se construyó [la coalición], el papel de Claudio va a ser fundamental. Él está dedicado en cuerpo y alma a esto desde hace ya bastantes meses y ha sido un papel mucho muy relevante el que ha jugado".

Y sí: González Guajardo no sólo se convirtió en el articulador de la coalición de los partidos políticos de oposición de México —incluidos Movimiento Ciudadano y México Libre, que no obtuvo su registro por las trampas que hizo—, sino de los magnates siempre cercanos al poder presidencial y de la élite intelectual.

El 15 de julio de 2020, en medio de las reuniones en las Lomas de Chapultepec, ocurrió un acontecimiento insólito: un grupo de escritores, académicos y analistas publicaron un desplegado en el diario *Reforma*, denominado "Contra la deriva autoritaria y por la defensa de la democracia", en el que aconsejaban a todos los partidos de oposición unirse para vencer a la coalición encabezada por Morena, el partido del presidente López Obrador.

"Pensamos que es imperativo corregir el rumbo y recuperar el pluralismo político y el equilibrio de poderes que caracterizan a la democracia constitucional", postulaban los abajofirmantes, tras deplorar las decisiones de López Obrador, que les quitaron privilegios.

Y no había opción para ganar a Morena, aconsejaban, que unirse todos: "La única manera de lograrlo es mediante una amplia alianza ciudadana que, junto con los partidos de oposición, construya un bloque que, a través del voto popular, reestablezca el verdadero rostro de la pluralidad ciudadana en las elecciones parlamentarias de 2021".

El objetivo estratégico del "bloque" propuestos por los jefes de las revistas *Letras Libres* y *Nexos* —en realidad los dos cacicazgos culturales de México— era arrebatar la mayoría a Morena y a sus aliados, exactamente el mismo de González Guajardo: "Es necesario que esta alianza obtenga la mayoría para asegurar que la Cámara de Diputados recobre su papel como contrapeso constitucional al Poder Ejecutivo y obligar al gobierno a respetar la pluralidad democrática".

De Hoyos niega que haya habido una acción concertada de González Guajardo y él para publicar el desplegado, justo cuando ya estaban avanzadas las pláticas entre los tres partidos políticos, que habían iniciado cuatro meses antes.

"Haciendo honor a la verdad histórica, no promovimos nosotros el desplegado; sin embargo, fue de mucha ayuda, digamos, como un elemento catalizador", enfatiza el líder empresarial, quien interpreta el documento como una reacción contra las críticas de López Obrador a la intelectualidad. "A veces la persecución une, ¿verdad?".

Insiste: "Lo que puedo decir categóricamente es que no hubo una sincronía pactada. Ni Enrique ni Aguilar Camín sabían lo que estábamos haciendo, al menos no por nosotros, ni nosotros sabíamos del desplegado".

Pero sí fue capitalizado políticamente el desplegado, aunque se publicó cuatro meses después en los conciábulos en la mansión de González Guajardo: "Nosotros lo rescatamos, ya veníamos trabajando desde meses atrás, en el telón de la pandemia, reuniéndonos con mucho cuidado, casi en la clandestinidad, porque hay ejercicios que si se revelan antes de tiempo, como una buena película de cine, una obra de teatro, pues pierden el ángel si salen antes de la luz de lo debido".

Pero Zambrano revela que, antes de la publicación del desplegado, platicó con varios de los firmantes sobre el objetivo de la coalición que estaba negociándose en Las Lomas y cuya publicación fue clave para materializar la coalición PRI-PAN-PRD: "Fue un incentivo más, un aliciente más y un aporte más al debate interno de los partidos para que nos termináramos convenciendo de que había que atender ese llamado, porque era, provenía de la intelectualidad, de la inteligencia de este país, de los que han generado o contribuido a la generación de importantes cambios".

Entre los firmantes del desplegado con los que habló sobre

la coalición están Krauze, Aguilar Camín, José Woldenberg y Ricardo Becerra. "Habíamos venido teniendo pláticas diversas, y por separado por cierto, con varios de ellos: con Aguilar Camín, con nuestros amigos también del Instituto de Estudios para la Transición Democrática, Woldenberg, Becerra, con Krauze también en distintos momentos, teniendo contacto con varios de los académicos, intelectuales de la UNAM, etcétera. Pero eran pláticas no concatenadas, más bien eran indagatorias de a ver qué estaban pensando, qué nos decían, qué sugerían".

—¿Krauze aconsejó este bloque opositor?

—Yo no lo sé, no lo sé porque en eso yo ya no platiqué con Krauze, la verdad.

—¿De qué platicó con él?

—De la situación del país, del riesgo de lo que estaba pasando y de cómo incluso a ellos mismos, a él mismo directamente, empezaron a acosarlos. Entonces, pues sí estaba muy preocupado.

"¡Fuera máscaras!", festejó López Obrador cuando se publicó el desplegado, que unió a los dirigentes de los partidos con la élite intelectual, al que le faltaba todavía el componente "ciudadano" para materializar la coalición por ellos recomendada.

Y eso ocurrió el 20 de octubre de 2020, cuando los dirigentes de los tres partidos políticos anunciaron su voluntad de hacer propia la agenda de Sí por México, un conjunto de organizaciones lideradas por González Guajardo y De Hoyos, entre las que se encontraban personajes y membretes de definido perfil conservador.

Con la Coparmex en todos los estados al frente, Sí por México agrupó desde la Fundación Carlos Abascal, que presidió ese organismo y fue secretario de Gobernación con Vicente

Fox, hasta Causa en Común, presidida por María Elena Morena Mitré, amiga de Genaro García Luna, y cuyo director de la misma, José Antonio Polo Oteyza, fue coordinador de asesores del secretario de Seguridad Pública de Calderón.

A Sí por México se sumaron el Frente Nacional para la Familia, la agrupación política nacional Coordinadora Ciudadana y Vida y Familia, organismos vinculados a la organización de ultraderecha El Yunque, uno de cuyos jefes generales, Guillermo Velasco Arzac, apareció en la firma de compromisos con los presidentes de los partidos, el 10 de noviembre de 2020, en el hotel Royal Pedregal.

De Hoyos niega toda influencia de Velasco Arzac, pero otro personaje que forma parte de la organización secreta de ultraderecha, Jesús Gómez Espejel, es asesor en estrategia electoral de Sí por México para "ganarle a Morena".

LA COALICIÓN Va por México no fue tan eficaz en su primera batalla contra Morena y sus aliados, en junio de 2021, porque fracasó en su principal objetivo de arrebatarle la mayoría simple en la Cámara de Diputados, que era clave para obligar a López Obrador a negociar el presupuesto nacional.

El crecimiento electoral de la oposición fue marginal, incluido el partido Movimiento Ciudadano, tanto como la caída de los partidos del gobierno, aunque estos arrebataron 12 de las 15 gubernaturas en disputa, un poder territorial que sobre todo minó al PRI.

La coalición oficialista conservó la mayoría absoluta en la Cámara de Diputados con 278 legisladores: Un total de 202 de

Morena, 43 del Partido Verde y 33 del Partido del Trabajo, 53 menos que en 2018, cuando sumó 331.

Va por México logró sólo 199 diputados federales: PAN 113, PRI 71 y PRD 15, 60 más que en 2018.

Y el partido Movimiento Ciudadano obtuvo únicamente 23 diputados federales que, ni sumados a los 199 de Va por México, alcanzan la mayoría simple para aprobar leyes, aunque, sin ninguno de los de oposición, la coalición oficialista puede aprobar reformas constitucionales que exigen mayoría calificada.

Un éxito de la coalición fue ganarle a Morena y sus aliados nueve de las 16 alcaldías de la Ciudad de México, corazón del proyecto de López Obrador y de la aspirante presidencial Claudia Sheinbaum, pero los partidos de oposición perdieron en la misma elección 12 de las 15 gubernaturas.

Los cálculos de González Guajardo son que la coalición sí es capaz de vencer a Morena y sus aliados, sobre todo si logra sumar al partido Movimiento Ciudadano.

La ecuación electoral para el triunfo es sumar los 3 millones 449 mil votos obtenidos por MC a los 19 millones 477 mil 887 de PRI, PAN y PRD, para sumar 23 millones en total, dos millones más de los 21 millones que obtuvo la coalición Morena-PT-PVEM.

Todos los dirigentes de MC han reiterado que no se sumarán a la coalición de González Guajardo, porque su objetivo es seguir siendo la "tercera vía" —lo que favorece al oficialismo—, pero tampoco debe descartarse tras la evaluación que harán todos los partidos tras las seis elecciones estatales de 2022.

Va por México se enfrenta a un problema mayor: carece de figuras o de una sola que le dé viabilidad al objetivo de ganarle la Presidencia de la República a la coalición de López Obrador, que ya estará en la boleta electoral.

El PRI, que se degrada en cada elección, tiene como cartas a *Alito* Moreno y Enrique de la Madrid Cordero, el hijo del presidente que instauró el modelo neoliberal en México. El PRD promueve al ex gobernador Silvano Aureoles Conejo —"Es en serio", enfatiza Zambrano—, bajo investigación por presuntas conductas criminales.

Y el PAN, que cuenta con una mayor baraja, tampoco dispone de ninguna figura potente: el ex candidato presidencial Ricardo Anaya, quien huyó del país, es el personaje con mayor conocimiento, pero una muy negativa reputación.

Detrás de él, Cortés promueve a la gobernadora de Chihuahua, María Eugenia Campos, muy cercana a López Obrador, y a los cuestionados gobernadores de Tamaulipas, Francisco García Cabeza de Vaca, investigado por varios delitos, y de Guanajuato, Diego Sinhue Rodríguez Vallejo, cuya entidad es de las más violentas del país.

Según el presidente del PAN, también son presidenciables el gobernador de Yucatán, Mauricio Vila, el diputado Creel —su mentor— y hasta el ex gobernador Francisco Domínguez, uno de sus principales detractores.

En el 2024 se sabrá si el polo progresista es derrotado o se mantiene en el poder para continuar con la Cuarta Transformación, pero el polo conservador está claramente definido en la batalla por la Nación en curso.

Gustavo de Hoyos

El "México del fracaso" vs. el "México ganador"

G USTAVO DE HOYOS WALTHER —un abogado alto, robusto, calvo y exitoso: es el líder patronal con más reelecciones en medio siglo— no coincide en casi nada con el presidente Andrés Manuel López Obrador, pero sí en que hay únicamente dos proyectos de Nación distintos y contrapuestos en México.

Uno lo encabezan él, Claudio X. González Guajardo y los dirigentes de los partidos de la coalición Va por México, cuyo "pensamiento rector" —define— es el "México ganador" que coloca al individuo sobre la sociedad. Y el otro es el de la Cuarta Transformación, liderado por López Obrador, que enfatiza la rectoría del Estado.

Esas antípodas, como él mismo las llama, están claramente definidas hacia la batalla por la Nación en 2024:

—El México del fracaso y del agravio, que sustenta la visión de la cuasi religión que es la Cuarta Transformación, tiene como antítesis la visión de un México ganador que ofrece oportunidades de prosperidad.

El "México ganador", explica el ex presidente Confederación Patronal de la República Mexicana (Coparmex), propone generar las condiciones para que el individuo, por su propio esfuerzo, acceda a educación de calidad, salud universal, retiro digno, así como seguridad en sus bienes propios y en su familia.

—Ahí está la diferencia de fondo: la habilitación del individuo para que construya su propio destino, que es el núcleo del pensamiento liberal contemporáneo, contra una visión que se funda más en la presencia unipresente del Estado.

En su despacho de Polanco, vecino de las Lomas de Chapultepec —donde habitan los más ricos de México y donde se concertó Va por México—, De Hoyos habla con vehemencia del "México triunfador". Es el mediodía del martes 12 de octubre de 2021 y recibe a los reporteros en su oficina.

Ha hecho un alto en sus continuos viajes para expandir, por todo el país, a Sí por México, la organización que también fundó con González Guajardo y cuya agenda programática hicieron suya públicamente, en octubre de 2020, PRI, PAN y PRD, los tres partidos históricos coaligados en Va por México.

Desde las ventanas de su oficina tiene una vista magnífica de la Ciudad de México. La coalición le arrebató a la mitad de la gran metrópolis al movimiento de López Obrador cuatro meses antes, en junio de 2021; ahora planea quitarle el poder nacional en 2024, con una visión de futuro hasta el 2050.

Con énfasis, el abogado patronal afirma que el "México ganador" es el verdadero proyecto de Nación de la alianza; es sólo un "instrumento táctico" para conseguir la victoria en 2024 y constituir el primer gobierno de coalición en la historia del país.

Y para conquistar el poder y crear el gobierno de coalición se planea sumar al partido Movimiento Ciudadano (MC) y definir, en unidad y oportunamente —en enero de 2023, ya con los saldos de las seis elecciones de 2022—, tres candidaturas de manera simultánea: a la Presidencia de la República, a la Jefatura de Gobierno de la capital y a la gubernatura del Estado de México.

—¿Qué va a llevar esta nave que se va a llamar Va por México, que es el instrumento táctico para llegar a un gobierno de coalición? —dice—. Tiene elementos habilitantes y uno de ellos, sin duda fundamental, es tener una candidatura presidencial de unidad, debidamente legitimada y oportunamente decidida. Si no tenemos un buen candidato, el procesamiento adecuado para que tenga un verdadero respaldo y no lo hacemos a tiempo; si falta cualquiera de esas tres cosas, está condenado al fracaso.

—¿Ve usted una batalla por los destinos de la Nación?

—Creo que va a haber una discusión, espero, profunda, racional, respetuosa, inteligente, sobre dos visiones de cómo construir un futuro del país, y si ahorita con los elementos que tenemos los tuviéramos que sintetizar, yo diría: está la visión de la 4T, que se desmembra de su fundador y que ya trata de ser una visión más allá de su líder fundacional; y de este lado, la visión del México ganador para todos.

"Yo creo que el verdadero debate va a tener que quedarse entre esos dos proyectos y, desde luego, porque los proyectos los materializan los seres humanos, quiénes los van a encabezar. Pero ojalá que tengamos la oportunidad en este país de tenerlos a la vista con suficiente oportunidad para que: 'Oye, a ver, ¿cuál es el proyecto en materia de pensiones de este lado y cuál es el proyecto de pensiones de este lado? ¿Cuál es el proyecto en materia de salud universal de este lado y cómo lo ven de este lado? ¿Cuál es el proyecto de educación?'. A lo mejor acá es más escuelas Benito Juárez y acá es bonos educativos. Los dos hablamos de educación, ¿verdad? Ese es el verdadero debate que tenemos que tener en el país y yo creo que si se da de manera inteligente, oportuna, la síntesis más allá del resultado electoral puede ser una visión de país compartida".

—¿Ustedes estarían dispuestos a aceptar a alguien de Morena de candidato presidencial?

—No, no lo veo viable porque...

—¿Marcelo Ebrard, para decirlo más concretamente?

—No, no lo veo viable —responde De Hoyos.

La pregunta no viene de la nada. Marcelo Ebrard Casaubón

"¿Ustedes aceptarían a alguien de Morena de candidato presidencial? ¿Marcelo Ebrard, más concretamente?". "No, no lo veo viable".

ha declinado dos veces a favor de López Obrador; ha servido a su proyecto tanto de secretario de Relaciones Exteriores como con otros encargos desde hace dos décadas; no está afiliado a Morena y algunos creen que no aceptará un "no" del partido para 2024.

—Para mí —agrega el ex dirigente patronal—, y siendo bien respetuosos de las personas y sin descalificar en lo más mínimo los atributos personales, me parece que las personas que están en el núcleo del obradorismo, como es el caso de Marcelo Ebrard; como es el caso de la jefa de Gobierno de la Ciudad de México [Claudia Sheinbaum]; como es el caso del líder del Senado [Ricardo Monreal], de todos mis respetos, evidentemente, conjuntamente con el presidente López Obrador, representan el núcleo de una visión.

"Lo que representa Va por México, lo que impulsa Sí por México, es la antítesis de esa visión. Entonces sería difícil traer al capitán de un corsario para que navegue en la embarcación que va del otro lado, ¿no? Lo veo francamente inviable, con todo el respeto que me merecen las personas. Pero es como si yo les dijera que si se imaginan a Marko Cortés de candidato de Morena, ¿verdad? Nadie en su sano juicio lo pensaría. Es exactamente lo mismo".

UBICADO ENERO DE 2023 como la fecha clave para el éxito del proyecto de Va por México, De Hoyos revela los detalles del plan para vencer a López Obrador y lo que representó la participación de personajes como Enrique Krauze y Héctor Aguilar Camín en la consecución del proyecto de Nación que, insiste, privilegia la libertad del individuo sobre los derechos de la sociedad.

Esto último tampoco es fortuito. Es semejante al que Margaret Thatcher, la primera ministra de Inglaterra que es símbolo del modelo neoliberal y del individualismo que lo sustenta, expresó en pocas palabras: "No hay tal cosa como la sociedad. Hay hombres y mujeres y hay familias". Thatcher pronunció esta frase en 1987, mientras privatizaba las empresas del Estado y destruía los sindicatos, justo un año después de que el gobierno de Miguel de la Madrid ingresó a México al Acuerdo General sobre Aranceles y Comercio (GATT, por sus siglas en inglés), que los expertos ubican como clave para la instauración del neoliberalismo en México.

El propio De Hoyos identifica esta decisión de De la Madrid como el cambio en el paradigma de desarrollo del país; el inicio de un ciclo histórico al que Carlos Salinas de Gortari le dio un impulso definitivo y que —después de los gobiernos de Ernesto Zedillo, Vicente Fox, Felipe Calderón y Enrique Peña Nieto— termina en el 2018.

—[El GATT] no lo planteo como un instrumento de carácter económico, pero yo creo que ese punto marca, primero, que México tiene que abrirse al escrutinio internacional y, segundo, que empieza a tomar los referentes internacionales. Y más allá, insisto, del tema arancelario, económico, quienes ejercían el poder de manera autocrática empiezan a entender que ese ciclo va cerrándose. Y entonces, con la interacción de las izquierdas, de los centros, de las propias derechas, empiezan a retarse todos los paradigmas y que evidentemente, en lo económico, tienen un rebalanceo muy importante con el papel que hasta entonces jugaba el gobierno o el Estado y la participación de los privados, un dilema que se resolvió, de cierta manera, a partir del periodo del presidente Salinas y de manera más o menos consistente hasta 2018 —dice.

Y sí, desde De la Madrid hasta Peña, imperó el neoliberalismo en México, en seis sexenios que suman 36 años, y con el triunfo de López Obrador ha habido un cambio de rumbo que, para De Hoyos, es indeseable y debe terminar.

—¿Por qué estamos haciendo esto? Porque hay una visión de país distinta, que es la de la construcción del México ganador. Ese es el pensamiento rector, lo demás son acciones tácticas […] para llegar a la construcción de una visión del México ganador del 2050.

Una de las "acciones tácticas" de Va por México para vencer al proyecto de López Obrador es incorporar al partido político Movimiento Ciudadano, que no pudieron sumar para la elección de 2021 ni en 2022, pero esperan hacerlo en 2024.

De Hoyos lo dice convencido:

—La apuesta es que Va por México, con la participación de MC, va a ser la formación plural política que va a encabezar el primer gobierno de coalición de la historia de este país.

El 20 de octubre de 2021, con el Palacio Nacional de fondo, De Hoyos y González Guajardo hicieron las cuentas de Va por México y, con base en los números, perfilaron el plan para 2024: "La oposición venció al oficialismo", afirmaron, porque PRI, PAN, PRD y MC obtuvieron en conjunto 22.9 millones de votos por 21 millones de Morena y sus aliados.

—La lección que nos deja esa jornada electoral es que la coalición PRI, PAN y PRD y Movimiento Ciudadano pueden ganar la elección presidencial y la Jefatura de Gobierno en 2024 —celebró González Guajardo.

Ahora se trata de convencer al cacique de MC, Dante Delgado, quien les advirtió desde las primeras negociaciones que no se coaligaría en la elección de 2021 ni en 2022.

De Hoyos evoca:

—En el proceso de gestación de la coalición, nosotros empezamos, Claudio y yo, con entrevistas, uno a uno, con los liderazgos formales y en algunos casos con los liderazgos fácticos de algunos de los partidos, o históricos, para decirlo más bonito. La postura del fundador de MC fue, desde un momento, clara, contundente, inequívoca de que no iba a sumarse a la coalición. Y nosotros insistimos en que nos permitiere encontrar afinidades en lo programático e ideológico y hacerle la lucha en lo táctico electoral.

Tampoco lo lograron, pero después de las seis elecciones estatales de 2022, dice el empresario, las cosas van a cambiar y MC podría sumarse.

—Va a ser muy claro el corte de caja que se va a poder hacer en junio del 22 y seguramente en ese momento MC tendrá los elementos suficientes para plantear bajo qué condiciones podría o no podría participar.

Pero mientras esa decisión se toma, De Hoyos retrocede en el tiempo para contar cómo dedicó el último de sus cinco años como presidente de Coparmex —reelecto por cuatro periodos consecutivos, algo inédito desde 1973— para crear la mayor coalición opositora de la historia.

La "génesis" de Va por México, evoca, se ubica en el segundo semestre de 2019, el primer año del gobierno de López

"Quienes están en el núcleo del obradorismo, como Marcelo Ebrard o [Claudia Sheinbaum], junto con el presidente López Obrador, representan el núcleo de una visión".

Obrador, cuando la conversación pública era que la oposición no existía o estaba desarticulada y hasta el propio presidente la definía como "moralmente derrotada".

—Había cierta desesperanza, un cierto sentido de la inevitabilidad de que ganara todas las posiciones el obradorismo —recuerda. Y por eso empezaron las reuniones de los presidentes de los partidos en el domicilio de González Guajardo, en las Lomas de Chapultepec, desde marzo de 2020—. Nosotros ya veníamos trabajando desde meses atrás, en el telón de la pandemia, reuniéndonos con mucho cuidado, casi en la clandestinidad, porque hay ejercicios que si se revelan antes de tiempo, como una buena película de cine, una obra de teatro, pues pierden el ángel, ¿no?

González Guajardo y él hicieron un intenso trabajo político de convencimiento:

—Y sí fue un gran paso lograr superar este miedo y lograr también superar la visión de algunos de los *santones* de los partidos. Hay personajes en el PAN, en el PRI y en el PRD que en su evolución personal y política no se sentían evidentemente cómodos con esta posibilidad.

Convencer a los jerarcas de los partidos y a sus órganos de gobierno fue muy complicado.

—Fue una etapa sumamente compleja y que estuvo además, en varios momentos, a punto de fracasar. No fue fácil procesar esta aceptación por temas que van desde lo ideológico hasta lo pragmático.

En ese contexto, todo en medio de la pandemia, destaca el desplegado, publicado el 15 de julio de 2020, por un grupo de 30 personas encabezadas por los directores de *Letras Libres* y *Nexos*, Enrique Krauze y Héctor Aguilar Camín. Además de escritores como Gabriel Zaid, Enrique Serna y Javier Sicilia, firmaron el desplegado políticos y funcionarios priistas y panistas, como Beatriz Pagés, Consuelo Sáizar, Julio Frenk y Ricardo Pascoe, entre otros.

El desplegado fue un acontecimiento insólito, destaca De Hoyos. Varios de ellos, por primera vez en su vida, dejaron la neutralidad para hacer un llamado con carga político-electoral.

—Yo rescato este hecho porque me parece que, hacia adelante, reivindica una práctica que en otros países es bastante extendida: sin perder credibilidad, objetividad, un periodista, un medio o un intelectual, desde la academia, pueda legítimamente articular una postura. Yo creo que es parte de la evolución y que eso no descalifica de por vida. Acuérdense cuando Miguel Ángel Granados Chapa, por ejemplo, decidió ser candidato; la mitad de los intelectuales y periodistas dijeron: "Ya se perdió para siempre". ¡No! Yo creo que ahí hay un momento importante de cambio de paradigmas y para este movimiento en particular creo que fue un llamado bien importante.

Ese desplegado justificó el trabajo de articulación de la coalición PRI-PAN-PRD, destaca el abogado patronal:

—Este ejercicio dio una articulación racional a lo que a lo

mejor se veía como un esfuerzo meramente pragmático, lo que estábamos haciendo, y condujo a que el día 20 de octubre de 2020 se presentara públicamente Sí por México y el mensaje principal que en ese momento se envió es: "Aquí hay una agenda".

"Incluso", añade entusiasmado, "y es la primera vez que lo verbalizo de esa manera, es la visión embrionaria del 'México ganador' que ahora estamos postulando, la agenda del 20 de octubre del 2020. Y esta agenda, que en muchos sentidos está bien acabada, era más cortoplacista porque era de cara a una elección inmediata, de fuerte carga legislativa porque era el reto principal, es el llamado que, complementado con el llamado de los intelectuales, nos da la masa crítica para el tramo final de la construcción de Va por México".

Y entonces se potenció el tamaño de la coalición: de aliarse para 75 candidaturas a diputados federales, creció a casi la totalidad.

—Este llamado de los intelectuales, más una agenda concreta —un para qué—, es lo que empieza a dar la masa crítica para pasar a un entendimiento de máximos que como llegó a tener 230 o 229 distritos de 300 en un acuerdo legal, suscrito, y un acuerdo táctico en otros treinta y tantos distritos, particularmente en Querétaro y Guanajuato, donde por razones tácticas no se dio, pero había un entendimiento de cuál es el partido que tenía la mayor competitividad y que finalmente además fue exitoso el planteamiento.

Así, para efectos prácticos, hubo un acuerdo de facto en 270 de los 300 distritos electorales del país, una coalición casi universal para diputados federales, también se coaligaron en 13 de las 15 gubernaturas y en 85 por ciento de las más de 2 mil alcaldías.

—Sí se logró, al final, una coalición de gran calado. —Y su evaluación es positiva—: Fue razonablemente exitosa en la misión principal, que era maximizar las posiciones en la Cámara de Diputados. Si hubiéramos logrado la coalición con MC, no hay duda que hubiera habido mayoría.

Pero no fue tan exitosa, sobre todo en las gubernaturas: Morena ganó 12 de las 15 en juego.

—El aprendizaje que tendrá que ser aprovechado en 2022 es que no basta con repartir territorios por partido, hay que construir coaliciones.

Sin embargo sí hubo un avance opositor en la competencia por las presidencias municipales: ganaron 39 ciudades que concentran el 25 por ciento de la población del país.

—Finalmente hay un éxito superlativo, incluso sorprendente para nosotros, en el caso de la Ciudad de México —dice sobre las 12 de 16 alcaldías, lo que representó una derrota de Morena y de la presidenciable Claudia Sheinbaum—. Este, que es el territorio más importante en términos del padrón electoral, en términos de ser el epicentro de la vida pública del país y también la génesis del movimiento obradorista, es muy interesante que se dé esta competitividad electoral que hasta antes de esta elección prácticamente se daba por descontado cuál sería el resultado.

La elección de 2021 cambió el escenario, resume, y es posible ganarle a Morena:

—Hoy nadie puede asegurar categóricamente qué partido va a gobernar la Ciudad de México a partir del 2024. Hay una posibilidad real, dependerá de los aciertos y los errores, de quienes hacen gobierno y de quienes hacen política, pero nos pone en esa circunstancia.

La coalición Va por México, concluye su evaluación, "tuvo sus logros, sus fracasos, pero lo que es indudable es que sí abre una nueva época en la política nacional y ahí lo digo, incluso más allá de los actores del momento, de estos dos bloques. O sea, nunca más en este país aliarte con un partido en determinado momento histórico puede implicar traicionar tus orígenes o la génesis".

NORTEÑO, NACIDO EN MEXICALI, Baja California, De Hoyos pertenece a la oleada de ex presidentes de la Coparmex que se han sumado a la política y sobre todo se han incorporado al PAN, empezando por Manuel Clouthier, quien fue el candidato presidencial contra Carlos Salinas en 1988. Desde la década de los setenta y sobre todo a raíz de la nacionalización de la banca por José López Portillo, en 1982, el sindicato patronal ha hecho política partidista con José Luis Coindreau, José María Basagoiti, Alfredo Sandoval, Bernardo Ardavín Migoni, Jorge Ocejo, Antonio Sánchez, Carlos Abascal, Gerardo Aranda, Jorge Espina…

Clouthier sucedió en la presidencia de Coparmex a Sada

"Lo que representa Va por México es la antítesis de esa visión. Sería difícil traer al capitán de un corsario para que navegue en la embarcación que va del otro lado".

Zambrano, quien es el referente como líder empresarial de De Hoyos, porque en su periodo de 1976-1978 enfrentó a Luis Echeverría y López Portillo, cuyas políticas y comportamientos asocia a López Obrador.

Y esos referentes sirven al articulador de la coalición Va por México para plantear que los dos proyectos de nación vigentes se definen por su postura de lo público frente a lo privado:

—Más allá de exabruptos, de calificativos verbales, el gran debate es el papel que tiene que jugar el Estado en el desarrollo de las personas y en el desarrollo del país.

Define el proyecto de la Cuarta Transformación:

—El obradorismo trata de rescatar una visión donde se le da al gobierno más centralidad. Hay una clara animadversión a los órganos autónomos, reguladores; se trata de hablar de una centralidad del ejercicio del Poder Ejecutivo. Y, por otro lado, se trata de rescatar este elemento de la rectoría económica del Estado. Al final de cuentas, lo que está en debate de la Reforma Eléctrica, más allá de los detalles cosméticos transitorios, es qué rol le corresponde al Estado en esa parte.

Otro tema de discrepancia, añade, es la concepción sobre la vida democrática y el ejercicio del poder unipersonal, como los presidentes de México en los sesenta y los setenta. Aunque ahora López Obrador está legitimado por los votos.

El contraste es Va por México, expresa:

—La otra visión, donde yo me ubico, busca que la vida democrática sea multipolar; es decir, tiene un lugar desde luego importante el ejercicio del poder desde el Poder Ejecutivo, donde veo que tiene que haber otros nodos relevantes en órganos autónomos, reguladores, desde luego el Poder Ejecutivo, el Legislativo, el Judicial, pero también la presencia creciente de la sociedad civil. En la visión en la que yo me ubico es donde el balance apuesta más al individuo que a la presencia del Estado.

"[…] Nadie en su sano juicio podría pensar que podemos regresar a una visión tipo Adam Smith", aclara, "donde el mercado todo se acomoda y nada más el Estado nos cuide que no nos matemos unos a los otros", pero el Estado no debe ser omnipresente: "El secreto está en el balance: ¿en dónde está más presente la libertad individual? ¿Y en dónde lo colectivo se sobrepone?".

De Hoyos dice que coincide en varias partes con el diagnóstico que ha hecho el presidente López Obrador sobre la pobreza, la inseguridad y la corrupción, pero discrepa de cómo se atiende.

—Creo que la manera de abordarla ha sido incorrecta y en dos de los casos, sobre todo en la corrupción y en la inseguridad, francamente decepcionante, porque no solamente no se han mejorado las circunstancias sino, con datos duros, creo que incluso se ha empeorado.

La pobreza no se resolverá, dice, con programas sociales:

—Coincido en que tiene que haber programas de corto plazo, pero que tienen que tener una visión muy distinta de la actual, que no remedien, eso es solamente dar el pescado al día.

Rechaza también la "animadversión injustificada al éxito empresarial, a las grandes empresas, a la creación legítima de riqueza", porque para crear un Estado de bienestar se requieren empresas y particulares que tengan una actividad altamente rentable y adecuadamente gravada.

—En este país hay condiciones que no permiten, salvo casos excepcionales, que sea altamente rentable y está pésimamente

gravada, porque [...] hay grandes huecos que no pagan algunos que tendrían que pagar y hay cargas excesivas en muchos,
sobre todo en la pequeña empresarialidad, en los profesionistas que pagan mucho más allá de lo razonable. Entonces el en-
foque de cómo financiar la visión me parece que es bastante
erróneo y por lo tanto me parece que está conducido de manera inequívoca al fracaso —dice.

Pero las discrepancias mayores, añade, son en cómo se viven las libertades en México.

—Yo sí creo que hay una gravísima regresión en los últimos
años, en la vivencia de las libertades, en las libertades indivi-
duales básicas, como la de expresión. Yo tuve notorias diferencias gravísimas con el presidente Peña Nieto, pero nunca tuve
un agravio verbal de su parte, cosa que sí he encontrado, igual
que muchos comunicadores, en el presidente López Obrador.

"[...] A mí me parece que el verdadero reto que tiene el
obradorismo es entender que es una corriente política", acon-
seja, "desde luego trascendente para la vida del país, seguramente tendrá una vigencia temporal importante. La visión excluyente es la que más me preocupa. Esta visión dicotómica
que los que no están en este lado son casi traidores a la Patria".

El verdadero reto para México, resume, es fortalecer la diversidad y encontrar coincidencias entre los antípodas en la
visión política, económica y de libertades.

—Para mí las visiones maximalistas, maniqueas, donde el
de enfrente está totalmente mal y de este lado está toda la razón o viceversa, son retrógradas y me parece que los países que
hoy están avanzando justamente lo están haciendo porque han
aprendido a construir entre visiones distintas.

"Es como si yo les dijera que si se imaginan a Marko Cortés de candidato de Morena. Nadie en su sano juicio lo pensaría".

De Hoyos hace prospectiva:

—Estoy absolutamente convencido que en el 2024 el obradorismo va a dejar de ser la corriente política en el gobierno, va a ser un movimiento político que va a mantener una representatividad razonable, una visión del país complementaria, y mi apuesta personal es que logre evolucionar a estadios de mayor tolerancia, de mayor complementariedad.

Según él, si el obradorismo logra entender la coexistencia con los diferentes, hará una aportación de futuro muy importante para el país.

—Yo no soy de los que aspira a que desaparezca Morena, la 4T como visión o como religión; [...] creo que el desafío y lo que más bien le hace al país y al propio movimiento que vio nacer con López Obrador es que tengamos el 2024 una alternancia, porque el ser oposición posgobierno le va a dar un entendimiento muy diferente. Así como el PAN posgobierno: no es el mismo PAN que antes de ser gobierno; nutre, hay un entendimiento distinto.

Y sueña con el día de la victoria:

—Mi apuesta es que Va por México, con la participación de Movimiento Ciudadano, va a ser la formación plural política que va a encabezar el primer gobierno de coalición de la historia de este país.

Marko Cortés

"Mexicanos aspiracionistas" contra "los que quieren que papá gobierno les resuelva todo"

TRAS LA FUNDACIÓN del Partido Acción Nacional (PAN) en 1939, un año después de que Lázaro Cárdenas nacionalizó el petróleo, Manuel Gómez Morín instruyó a todos sus militantes: "Nunca transigir en principios, no aliarnos con quienes pretendan defraudar la opinión pública y no estar, por supuesto, con quienes salgan de esa cloaca que es el PRM".

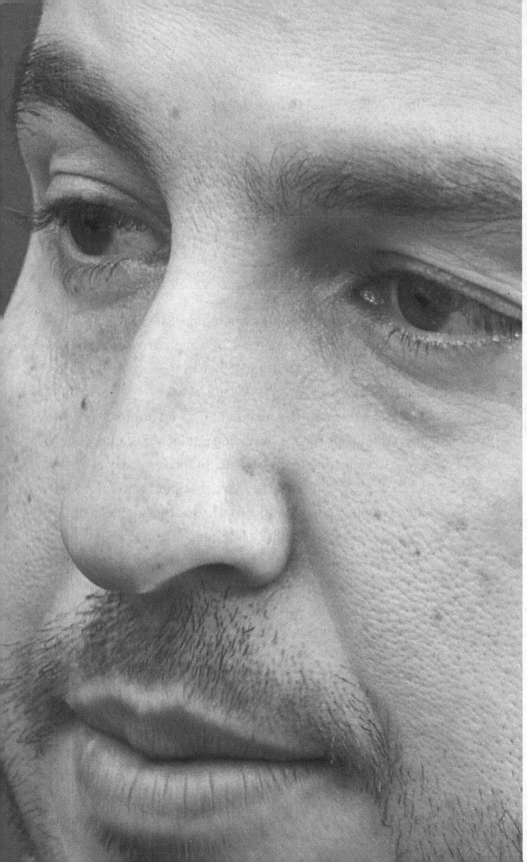

Esa "cloaca" era el Partido de la Revolución Mexicana, creado por Cárdenas y padre del actual PRI, con el que el PAN se alió para las elecciones de 2021, aconsejado por Claudio X. González y Gustavo de Hoyos, una coalición en la que participa el PRD y que pretende sumar también al partido Movimiento Ciudadano para 2024.

Pero Marko Cortés, presidente del PAN, tiene otra interpretación de la historia de su partido para explicar su simbiosis con el PRI:

—El PAN no nace para oponerse al PRI; el PAN nace para generar ciudadanía, para generar una alternativa a los mexicanos, para combatir el autoritarismo y hoy estamos viviendo el peor autoritarismo.

México se encuentra actualmente "en un punto de quiebre", define, con dos proyectos de nación antagónicos: uno, el de Va por México, que quiere un país que se modernice, y el que encabezan el presidente Andrés Manuel López Obrador y Morena, que está llevando al retroceso y la destrucción de la nación.

Por eso no ve problema en la simbiosis con el PRI:

—El PAN nació para combatir el autoritarismo, para buscar que la gente viva mejor, para darle una alternativa a la sociedad, y hoy lo peor que hay que combatir se llama Morena y se llama el populismo clientelar, destructivo, que engaña y manipula a los mexicanos.

En su dicotomía, Cortés elogia a los gobiernos del PRI y del PAN, incluidos los más recientes de Enrique Peña Nieto, Vicente Fox y Felipe Calderón, y acomete contra el de López Obrador:

—México iba avanzando, lento, tropezado, con equivocaciones, con corrupción, con todo lo que había, pero avanzaba gobierno tras gobierno, con todas las fallas, y es la primera vez en la historia de México que nos vemos ante la amenaza de una regresión y destrucción.

El presidente del PAN plantea una visión binaria de los mexicanos: los "aspiracionistas" que trabajan y los que esperan que "papá gobierno" resuelva sus problemas.

—Entonces son las dos grandes visiones: de los mexicanos aspiracionistas y de los mexicanos que buscan que el gobierno, sin ningún esfuerzo, simplemente les resuelva sus problemas —subraya.

"Son dos grandes visiones", insiste sin vacilar: "la de los mexicanos que todos los días nos esforzamos por dejar un México mejor y aquellos que simplemente esperan que papá gobierno les resuelva todo y que tristemente lo único que termina ocurriendo es que empieza a empeorar, cada vez más, la situación en la que vivimos y en la que viven".

Y por eso enaltece la incorporación directa de González Guajardo y De Hoyos a la lucha política, porque son tiempos de definiciones:

—Que haya más Claudios, más Gustavos, más gente de la sociedad que diga: "¡Ya estuvo, se están llevando al caño al país!".

Todavía hay muchos mexicanos que no se animan a definirse abiertamente, incluidos los del ámbito mediático:

—Veo cada vez más personas del sector de los medios de comunicación, de los opinadores, que están muy preocupados y que antes de la entrevista te dicen: "Échale duro", pero en la entrevista ya no. ¡Echémosle duro todos, metámosle con todo porque es nuestro país!

"Es el momento de tomar posición", agrega, vehemente,

"El PAN no nace para oponerse al PRI sino para generar ciudadanía, para combatir el autoritarismo, y hoy estamos viviendo el peor autoritarismo".

Cortés: "¿de qué lado estás? ¿Del lado de un México que va para adelante, que avanza, que te da oportunidades, que te da trabajo, que te da libertad, que te da derechos, o del lado de un México que te va empobreciendo, que te va amarrando, que te va cociendo como la rana, a fuego lento? ¿De qué lado estamos? Es el momento de los mexicanos libres, valientes, decididos, no importa si tengas afiliación política o si tengas un Twitter o una columna, es el momento de los mexicanos de convocarnos a cuidar el país.

COMO EN UN MITIN, Cortés no da tregua al flujo de palabras. Panista de toda la vida, líder juvenil cuya generación ha ido desplazado en el PAN a viejas figuras, es tajante en que el gobierno de López Obrador no tiene ningún logro en absolutamente nada.

—Hoy México se encuentra en un punto de quiebre, entre ir a un México que avance, que se modernice o que retroceda, que se destruya lo que se había logrado poco a poco. Si bien las cosas no eran perfectas y faltaban muchísimas cosas en el país y la pobreza y la inseguridad y las necesidades de la gente eran muchas, lamentablemente hoy estamos peor en todos los indicadores.

"Peor en seguridad: se criticó muchísimo la inseguridad de los gobiernos del pasado, pero hoy lamentablemente vivimos los peores índices de inseguridad, de violencia y de cinismo del gobierno que con 'abrazos y no balazos' cree que lo va a resolver. Se acabaron los decomisos de drogas, de armas y, al contrario, a los delincuentes se les libera y a los opositores se les persigue y se les detiene.

"Estamos en un México de cabeza completamente, peor en materia de seguridad de lo que estábamos, peor en materia de economía. Las cosas no estaban bien, estaban mal, había pobreza, necesidad, desigualdad, pero tristemente todo esto se ha incrementado. Con datos oficiales del INEGI, tenemos 3.8 millones más de mexicanos pobres, más desigualdad, menos empleo formal, se ahuyenta la inversión, se genera desconfianza".

Sentado en una sillón en el estrado de la sala de prensa del PAN, el sábado 23 de octubre de 2021, Cortés sigue:

—Las cosas no estaban bien, por eso la gente, ilusionada, votó por un supuesto cambio, pero hoy las cosas están mucho peor también en materia económica. En materia de salud México tenía un sistema, el Seguro Popular. ¿No era completo? No. ¿No cubría todos los padecimientos? No. ¿No había un abasto completo de medicamentos? Tampoco. Pero hoy el sistema de salud mexicano es desastroso, peor que el que teníamos.

"Y por poner el ejemplo que más nos duele, el de los niños con cáncer; y así te puedo hablar de las personas que se tienen que estar dializando y antes contaban con un Seguro Popular que les daba el apoyo para poderlo hacer y poder seguir su vida con esa esperanza y hoy simplemente no cuentan con esa cobertura". Hace un alto sólo para continuar con más énfasis: "No hay una cosa, una, en la que este gobierno pueda decir que estamos mejor".

El combate a la corrupción, la "gran bandera" de López Obrador, es también un fracaso:

—Ellos dijeron que se iban a acabar las adjudicaciones directas (página 17 del Plan Nacional de Desarrollo que presentaron ante la Cámara de Diputados). No sólo no se acabaron, las incrementaron, el 80 por ciento de los contratos, de los servicios que realiza el gobierno federal, son discrecionales por adjudicación directa, exactamente lo contrario a lo que prometieron.

"En combate a la corrupción vemos que la Fiscalía General de la República se convirtió en el brazo operador político del gobierno para perseguir, para amedrentar, y lamentablemente vemos que México cae en las mediciones internacionales, en los cinco países más corruptos del mundo".

El presidente del PAN no vuelve a la comparación con los gobiernos del PRI y del PAN:

—¿Había corrupción? Sí, lamentablemente había, pero con el gobierno de López Obrador estamos peor en corrupción, peor en empleo, peor en economía, peor en seguridad, peor en salud. No hay una sola cosa que este gobierno pueda presumir, de la cual puedan decir que están mejor. Y lo peor es que el presidente lo que busca es enfrentarnos a unos mexicanos con los otros, con los que pensamos de una manera y los que piensan de otra.

Cortés da trato de impostor a López Obrador:

—Él no ha entendido que hoy es presidente de los Estados Unidos Mexicanos y que debería gobernar a todos, como un jefe de Estado. Hoy se asume jefe de partido y desde Palacio Nacional lanza misiles a la oposición, a quienes disienten, juzga a quienes debería de juzgar el Poder Judicial, ataca a quien no piensa como él, hasta a los científicos.

Según Cortés, López Obrador gasta el dinero público en caprichos, como la consulta popular sobre si los ex presidentes deben ser juzgados —sólo votó el siete por ciento— y sobre el ejercicio de revocación de mandato, en abril de 2022, ambas saboteadas por el PAN.

—El señor fue electo por los mexicanos —si bien engañados—, pero fue electo por los mexicanos por seis años. ¡Que cumpla! ¡Que se ponga a trabajar, a hacer lo que tiene que hacer, porque no hay algo qué presumir de su gobierno! ¡Una sola cosa no hay qué presumir! Ni siquiera el avión: ni lo vendió ni rifó.

Y la Reforma Eléctrica que el presidente propuso al Congreso, y cuya aprobación en este se hallaba en curso cuando se efectuó la entrevista con Cortés, también exhibe los dos proyectos de Nación actuales:

—Eso es lo que nos pinta dos grandes visiones: la visión de quienes queremos un país moderno, competitivo, que cuide el medio ambiente, que atraiga inversión, que genere trabajo, oportunidades, que crea en la sociedad civil, y otro que estatiza, que controla y echa a perder todo lo que toca.

En la visión clientelar del proyecto de López Obrador, dice, se crea una espiral que va llevando paso a paso y de forma acelerada a la pobreza, a la miseria y a la dependencia a este gobierno, mientras que el de Va por México es libertario para que la gente por sí pueda salir adelante, sí con el impulso del gobierno, con el apoyo, con la compra de la herramienta, con la capacitación, con los primeros pasos para salir adelante.

—Entonces la polarización que se está generando es un choque entre visiones, entre quienes queremos un México que nos dé oportunidades a nosotros y a nuestros hijos para salir adelante, con un medio ambiente saludable, y entre aquellos [a los] que simplemente les preocupa ganar la elección del siguiente año o de la siguiente renovación del Congreso.

CORTÉS AFIRMA que el proyecto para ganar en 2024 y corregir el rumbo del país no es sólo una promesa, porque los gobiernos del PAN son los mejores de México y los de Morena son los peores.

Pone los ejemplos de la alcaldía Benito Juárez en la Ciudad de México, que gobierna desde el año 2000, y el gobierno estatal de Guanajuato, que cumple tres décadas desde que Carlos Salinas les entregó el primer gobierno, en 1991.

—Esas son las dos grandes visiones: la del México contaminante, de combustóleo, de las refinerías costosas, y la del México moderno, eólico, solar, más barato, donde hay trabajo para la gente. Son dos grandes visiones de *Méxicos,* donde nosotros sí proponemos soluciones y donde quienes sólo quieren controlar y seguir manteniendo a la gente en una tierra de ciegos en donde el tuerto es rey.

—¿Qué razones hubo para que el PAN no haya apostado

por sí mismo y se haya coaligado, ahora sí formalmente, con un partido con un enorme desprestigio como el PRI o un partido moribundo como es el PRD?

—Es muy simple el razonamiento: el PAN, sin duda, es el mejor partido político de México, es el partido de los valores, de los principios, de los mejores gobiernos, de la libertad, de la democracia, de las instituciones, pero nuestro partido tiene un principio fundamental, que es el bien común, y el bien común es el bien de todos, que está por encima del bien del propio partido o de cualquier individuo.

"El bien superior de la Nación ameritaba que quienes estamos preocupados por la destrucción, por el retroceso, sumáramos esfuerzos en temas fundamentales, como evitar cambios caprichosos a la Constitución o retrocesos destructivos. Y es por eso que lo tenemos que hacer, por amor a México, por compromiso, por patriotismo, sin claudicar ni a valores ni a principios ni a convicciones".

El objetivo era y sigue siendo ponerle un alto a Morena y a sus aliados de los partidos del Trabajo y del Verde Ecologista de México, que de haber conseguido la mayoría calificada habrían desaparecido el Instituto Nacional Electoral (INE), el Tribunal

"Son las dos grandes visiones: de los mexicanos aspiracionistas y de los mexicanos que buscan que el gobierno, sin ningún esfuerzo, les resuelva sus problemas".

Electoral del Poder Judicial de la Federación (TEPJF), entre otras instituciones.

—¿Al PAN no le daba por sí solo?

—No teníamos que dividir a la sociedad, lo que teníamos que hacer, porque escuchamos a la sociedad, es evitar que se pulverizara. En la política hay un dicho muy popular: "Divide y vencerás", y, claro, quien está en el gobierno quiere dividir a los opositores y lo que hicimos fue decir: "Tenemos serias diferencias, somos muy distintos, no coincidimos en muchas cosas, nosotros panistas, ellos perredistas o priistas, pero ante todo somos mexicanos". Y eso fue lo que privilegiamos, el amor a México.

Cortés elogia a los gobiernos del PRI y PAN:

—México, a pesar de sus errores y sus fallas, avanzaba. Hoy estamos ante una franca amenaza de destrucción y de retroceso, esa es la gran diferencia.

Ex senador, ex diputado, confrontado desde Michoacán con el grupo de Calderón, responde a la pregunta de cómo persuadir a los mexicanos que no son "aspiracionistas", sino a los que reciben apoyos de "papá gobierno", de que se sumen al proyecto PRI-PAN-PRD:

—Hablándoles con la verdad —dice.

—¿Cómo lo rescatas?

—Diciéndoles que nosotros sí queremos que salgan de pobres, que nosotros sí queremos que tengan una oportunidad de trabajo, porque lo único que dignifica a la persona es el trabajo, no es depender de la dádiva, es poderte sostener con tu esfuerzo, con tu sudor, eso dignifica.

"Y eso es lo que nosotros queremos: decirle a la gente, a la más sencilla, a la más humilde, a la más necesitada: 'Te vamos a ayudar, para que puedas empezar por ti misma a salir adelante y que pronto no tengas que ser dependiente del gobierno'".

Cortés insiste en justificar la coalición con el PRI, que hace poco era impensable, como impensable era la destrucción del país con el gobierno de López Obrador.

—Creo que era por amor a México, por patriotismo. Hubiera sido muy importante que todos los partidos que nos decimos oposición hubiéramos ido juntos para no pulverizar el voto opositor ante la alternativa destructiva que representan Morena, PT y Verde.

De haberse incorporado el partido Movimiento Ciudadano, la oposición habría ganado la mayoría en la Cámara de Diputados y habría controlado el Presupuesto de Egresos en los tres últimos años del gobierno de López Obrador.

—Se hizo lo que se pudo en beneficio de México y eso dio resultados, porque sí le puso un alto a Morena. —Y reprocha a MC—: Terminó sirviendo al bloque en el gobierno; o sea, tanto pecó el que se mantuvo no coaligado con nosotros como el que se coaligó con Morena. Sólo que unos lo hicieron más descarados, el PT y el Verde, y otro queriendo jugar de forma más cuidada, por decirlo de alguna forma. Pero tanto pecó uno como el otro para evitar lograr el propósito de construir una nueva mayoría opositora.

—¿Ustedes ya tienen claro que no va a ir MC con ustedes en 2024?

—No tengo la menor idea de qué van a hacer. Nosotros estamos abiertos a construir con todos los mexicanos de bien, con todos los mexicanos que realmente quieren ponerle un alto a Morena y no quieren jugar el rol de esquiroles para dividir a la oposición.

—Es 1 de diciembre de 2024, están entrando ustedes a Palacio Nacional, ya ganaron la elección, hay mucho que deja López Obrador, ustedes lo ven mal [...].

—Más bien poco que deja.

—Lo que deja ahí está.

—Destrucción, retroceso.

—De eso que deja, y ya viéndose ustedes ahí, ¿qué es lo que ustedes quieren agarrar? ¿Las prioridades de lo que ustedes quieren agarrar y decir: "Esto se acabó", cómo lo dibujas, qué es la lista de las prioridades de lo que dices: "Basta, esto se acabó"?

—Primero, nosotros vamos a trabajar por ganar en el 2024. No está fácil, es cuesta arriba, pero en el PAN estamos hechos para ir cuesta arriba, sabemos ganar, competir en la adversidad y lograrlo y tenemos muy buenas cartas: desde el perseguido político Ricardo Anaya, que lo atacan, lo señalan porque es claramente incómodo al gobierno morenista, usando al criminal confeso Emilio Lozoya para incriminarlo. Y tenemos a Cabeza de Vaca, que lo quieren desaforar y lo quieren quitar del cargo porque también les es incómodo...

"Está la visión de los mexicanos que todos los días nos esforzamos por dejar un México mejor y la de quienes simplemente esperan que papá gobierno les solucione todo".

Se explaya el dirigente panista en sus prospectos presidenciales, que incluyen a la gobernadora María Eugenia Campos y a los gobernadores Mauricio Vila y Diego Rodríguez Vallejo, así como al diputado Santiago Creel, su mentor político, y el ex gobernador Juan Carlos Romero Hicks.

—Lo que me queda claro es que el PAN sin duda alguna será quien encabece, quien aglutine la opción y la alternativa para los mexicanos en el 2024. Y cuando lleguemos ese 1 de diciembre llegaremos con esperanza, con alegría, pero con un gran compromiso de recuperar el tiempo perdido, de recuperar la inversión perdida, de recuperar los programas frustrados, como el Seguro Popular, como las Estancias Infantiles.

—De la obra pública de López Obrador, a la que él le ha puesto énfasis, ¿hay algo que ustedes quisieran detener?

—¿Cómo cuál?

—El Tren Maya, por ejemplo, eso está en desarrollo; Dos Bocas está en desarrollo…

—Hay que empezar a decir que vamos en tres años y no ha hecho nada. Para empezar. O sea, vamos a la mitad y hasta el momento no hay nada.

—De lo que hay, que el presidente plantea como sus proyectos…

—De lo que dice que va a haber, más bien.

—De lo que dice que va a haber y de lo que él ha reformado para echar a andar sus programas, ¿ustedes llegando van a decir "esto y esto se acabó"?

—¡Claro que no! Nosotros no apostamos por destruir, no; lo que sirva…

—Por ejemplo el Tren Maya. ¿Lo terminarían si le falta algo?

—Ojalá que sí, a ver. Él se comprometió a terminarlo. O sea, yo espero que no tengas voz de profeta y no se quede inconcluso el proyecto, porque si no, sería un fracaso más, se ha gastado millones de pesos, le quitó muchísimo dinero a muchísimas cosas para ese proyecto, lo tiene que terminar y debe de funcionar.

—De lo que él ofrece todas las mañanas, qué es lo que ustedes dirían: "Esto es lo que no queremos para México"?

—Pues yo diría que lo que sirva tiene que continuar, nada más habrá que ver qué sí sirve. Hasta hoy no hay nada. O te pregunto: ¿qué sí sirve de lo que ha propuesto? Por eso te pregunto. Yo no veo que sirva absolutamente nada.

Se serena ante la hipótesis de que triunfe la coalición Va por México:

—Se evalúa todo. Lo que sirva, lo que se pueda corregir, se corrige, y lo que sea un despropósito descomunal, se cancela.

—¿Una especie de corte de caja?

—Hay que revisar qué sí sirve y qué sí funciona y con qué modificaciones para que no... tanto sería llegar a tirar todo como llegar... Imagínate la locura que llegara alguien de presidente y cancelara un aeropuerto que ya llevara un avance, ¿no? No puede ser, eso sólo es de locos.

Cortés es reacio a dar pormenores de cómo se tramó la coalición PRI-PAN-PRD en la mansión del magnate Claudio X. González en las Lomas de Chapultepec, y niega también que este proyecto asuma la agenda patronal.

—¿Quién dice eso?

—Los datos, la información, Claudio X González, Gustavo de Hoyos como artífices.

—No, ¿quién dice que ellos son los que controlan?

—Citan en su casa desde marzo del año de 2020, se reúnen primero con el PAN, luego con el PRD, con el PRI, va MC, va Margarita Zavala.

—No, pues si te contara todas las reuniones que tengo. No, no, para nada, no.

Según él, como dirigente del PAN se reúne con mucha más gente de partidos y de la sociedad civil en todo el país para invitarlos a su proyecto, entre ellos organismos de jóvenes, sindicatos y organizaciones patronales.

—Ojalá hubiera más que levantaran la voz, ojalá hubiera más que se atrevieran a denunciar, a usar Twitter, un micrófono o a hacer un boletín. Ojalá hubiera más Sí por México y otro tipo de sociedades que aglutinaran —dice con vehemencia Cortés.

"El PAN buscará articularse con todos los grupos de la sociedad civil que vean que este gobierno se está llevando el país al carajo, que lo está hundiendo y que si no lo defendemos nosotros, a pesar de nuestras diferencias naturales, nadie más lo va a defender".

Los mexicanos que se quedan callados, acusa, es por conveniencia y porque son parte del mismo sistema:

—Ahí hay de todos los partidos, particularmente del peor viejo régimen priista; es de pena ver a Manuel Bartlett, el priista de toda la vida que tiró el sistema, abrazados, impulsando la Ley Bartlett.

—¿Es mejor Claudio X. González?

—Yo lo que diría [es] que es mejor la sociedad y en el PAN siempre hemos creído una cosa: tanta sociedad como sea posible y solamente el gobierno que sea necesario.

"Tristemente lo único que termina ocurriendo es que empieza a empeorar, cada vez más, la situación en que vivimos".

—¿Y Claudio X. González en específico?

—Ojalá haya muchas Marías, muchos Claudios, muchos Gustavos, muchos Fernandos, muchos ciudadanos con nombre y apellido que le entren y le digan a López Obrador: "¡Ya estuvo!".

Aunque el objetivo es unitario, Cortés también se desmarca de organizaciones secretas como El Yunque, que anida en el PAN, y pone distancia de Vox, el partido español de extrema derecha que fue acogido en el Senado por su bancada y no lo representa.

—No me representa —dice—, por supuesto que no me representa.

—¿Vox no lo representa?

—Por supuesto que no me representa, porque Acción Nacional no es un partido de extremos. Manuel Gómez Morín fue una persona de derechos humanos, de libertades, de instituciones, no de grupos, no de sectas, y de la pregunta que me estás haciendo, tampoco. En el PAN caben todos los mexicanos, con sus formas de pensar, con sus ideologías diversas, aquí lo que pedimos es que sea gente de bien y que quiera aportar para que México vaya adelante.

—¿El Yunque, Marko?

—Te lo respondía.

—¿Es lo mismo?

—Aquí caben todos los mexicanos, aquí no hay ese tipo de grupos dentro del partido. O sea, puede llegar a formar parte cualquier tipo de gente y expresión. Pongo ejemplos: ¿Hay católicos? Sí. ¿Hay cristianos? Sí. ¿Hay gente sin ningún tipo de religión? Sí. ¿Hay personas que creen en una cosa y en otra? También.

"Aquí en Acción Nacional caben todas las diferentes expresiones, porque partimos de respetarte a ti en tu derecho de asociación, de pensamiento, en tus gustos y preferencias. Eres bienvenido si eres una gente de bien que quieres aportar a México. ¡Cabes en Acción Nacional, tienes un lugar!".

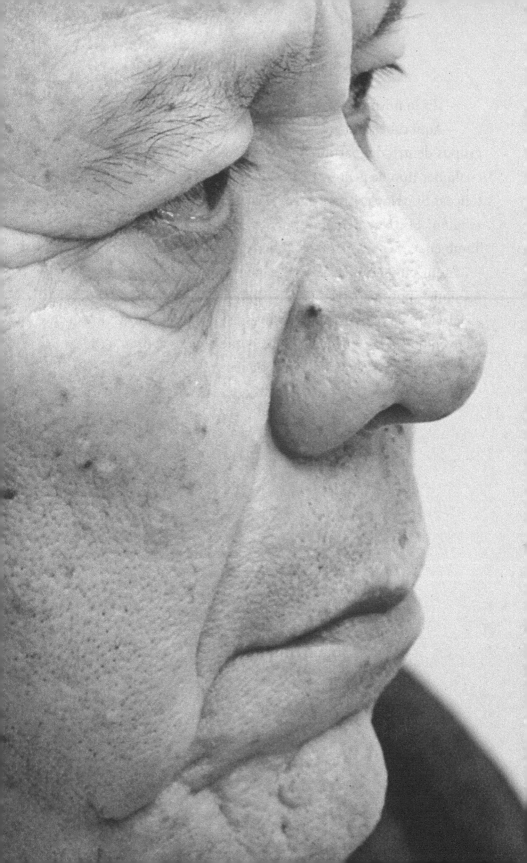

Jesús Zambrano

"No son nuestros patrones"

—¡NO ME OFENDAS así! —tronó Jesús Zambrano, agraviado por la pregunta de si el magnate Claudio X. González es el patrón de la coalición Va por México, e inquirió enseguida—: ¿El patrón de quién?

—El patrón del PRIAN.

—¡Mi patrón no es! ¡Será de otros, mío no!

Era el 16 de junio de 2021, diez días después de la elección federal, y el presidente del Partido de la Revolución Demócratica (PRD) hacía un balance del proceso en el programa *Los Periodistas*. Zambrano es parte de los que tejieron la coalición PRI-PAN-PRD en la mansión de González Guajardo.

Cuatro meses después, el 26 de octubre, Zambrano rememoraría, ya más sereno, la relación de los tres partidos con el magnate y el ex presidente de la Confederación Patronal de la República Mexicana (Coparmex), Gustavo de Hoyos:

—No somos empleados de Gustavo ni de Claudio, ni ellos son nuestros patrones —repitió.

Por primera vez en la historia, el heredero del registro del Partido Comunista se alió legalmente con el partido histórico de la derecha, el PAN, perfil ideológico que adoptó el PRI en el periodo neoliberal, todo con el fin de ir contra la coalición encabezada por Morena y liderada por el presidente Andrés Manuel López Obrador.

—Sí, efectivamente, son dos proyectos contrapuestos en sus aspectos esenciales: en lo político, en lo económico y en lo social, en las estrategias para enfrentar los problemas del país —resume Zambrano.

—¿Cómo defines en una palabra o en una frase el proyecto de López Obrador y cómo defines en una palabra o en una frase el proyecto alterno que representa la coalición a la que pertenece el PRD?

—El de López Obrador es un proyecto conservador, anacrónico y autoritario. El de la coalición es un proyecto progresista, democrático y liberal.

Zambrano Grijalva ha tenido una evolución radical en medio siglo en la política: Tenía 18 años de edad cuando, como guerrillero de la Liga Comunista 23 de Septiembre, fue a la cárcel por enfrentar al Ejército y a los oligarcas, hasta que optó por la participación política. Ahora él y su partido están aliados con patrones como González Guajardo.

Este comportamiento ha sido parte de la evolución política de México y de él mismo en décadas hasta ahora:

—Ya no traíamos, *per se,* esta idea desde la guerrilla: la lucha contra los patrones, contra los explotadores, contra los opresores, casi-casi que cuando te encuentres y tengas la posibilidad de comerte a un empresario, cómetelo. Ahora decimos: "En lugar de comer empresarios, queremos comer y platicar con los empresarios". Es otra circunstancia.

Y en esta "circunstancia" del país, Zambrano se sentó, literalmente, a la mesa con los empresarios representados por De Hoyos para concebir y pactar la coalición electoral contra López Obrador, en la terraza de la mansión de González Guajardo, en las Lomas de Chapultepec.

—No estamos peleados con este sector empresarial que quiere el bien del país, que se opone al autoritarismo que está en curso y que podemos ser aliados, que podemos caminar de la mano sin que nos impongan condiciones. Porque ciertamente se dio la circunstancia de las reuniones aquellas en casa de Claudio, porque aparecían como los mediadores ante las desconfianzas elementales y naturales entre los partidos.

Si el PRI hubiera invitado a su sede nacional, los del PRD y del PAN se habrían negado, y al revés. La mansión del magnate le pareció un lugar neutral.

—Hasta los grandes acuerdos en determinado momento, hasta las negociaciones de paz cuando hay guerra, buscan siempre un lugar neutral para poder hacer acuerdos. Yo creo que así nos sucedió. Hace mucho, por cierto, que ya no nos vemos en casa de Claudio.

Zambrano y Jesús Ortega encabezan la corriente Nueva Izquierda, conocida como *Los Chuchos,* que controla al PRD y que se fortaleció cuando el segundo fue secretario general de ese partido en momentos en que presidía López Obrador. Las protestas postelectorales del 2006 los confrontó, pero todavía se unieron en la elección de 2012, llevándolo de candidato, pese a que Marcelo Ebrard, según Zambrano, ganó las encuestas:

—Andrés Manuel amenazó con la ruptura y dijo: "Si no quieres, si no aceptas que yo te gané, Marcelo, entonces yo voy a ir, de todas maneras, a ser candidato de quienes me quieran postular". Marcelo terminó echándose para atrás y no tuvimos de otra más que ir con Andrés Manuel de nueva cuenta como candidato a la Presidencia de la República.

Pasada la elección, enterado de que el PRD ya negociaba con Enrique Peña Nieto el Pacto por México, López Obrador invitó a desayunar a Zambrano para separarse, como lo informó en el Zócalo, el 20 de noviembre de 2012:

—Y entonces dijo: "Hasta aquí llegué, yo ya no continúo vinculado con el PRD, nada les debo, nada me deben, estamos en paz". Me lo dijo en privado en un desayuno que tuvimos previo al evento que unos días después haría en el Zó-

"Ahora decimos: 'En lugar de comer empresarios, queremos comer y platicar con los empresarios'. Es otra circunstancia".

calo de la Ciudad de México, en donde dijo esencialmente las mismas palabras.

En 2015 y 2018, Morena barrió con el PRD, que se alió primero con el PAN, con Ricardo Anaya como candidato —también del partido Movimiento Ciudadano—, y después con el PRI, un triunvirato que unieron González Guajardo y De Hoyos, a quien Zambrano y Ortega ya conocían desde antes del Pacto por México de Peña, que había unido a los tres mismos partidos.

Zambrano había previsto que, conociendo a López Obrador, desplegaría conductas autoritarias y así ocurrió, afirma, en los primeros dos años de su gobierno:

—Dijimos: "Aquí está sucediendo una situación extraordinaria y para situaciones extraordinarias, acciones y respuestas extraordinarias".

Fue cuando comenzaron los acercamientos con el PAN y el PRI, que coincidían en que estaba en riesgo el país mismo y en que era necesario examinar la posibilidad de ir juntos.

—Y ahí fue, también en ese marco, en ese contexto, en el que aparece lo que después se conocería como este agrupamiento y organizaciones de la sociedad civil que tomó el nombre de Sí por México, ciertamente liderado por Gustavo de Hoyos, a la sazón presidente de Coparmex, y Claudio X. González, que también en ese momento dirigía Mexicanos contra la Corrupción y la Impunidad.

Subraya el dirigente perredista sobre la coalición:

—Claro que no fue una decisión sencilla, pero tampoco fue espontánea, sino resultado de un proceso evolutivo en el que se fueron concatenando diversas circunstancias, diversos momentos, diversos episodios y fue casi como natural decir: "Es una necesidad el que vayamos juntos los tres partidos y, al mismo tiempo, también en alianza con esta vertiente de la sociedad civil".

Y en las negociaciones participaron, desde el principio, Margarita Zavala, esposa de Felipe Calderón, quienes buscaban el registro del partido México Libre, y los dirigentes del partido Movimiento Ciudadano.

—Detalle sus primeros encuentros, Jesús, con Claudio X. González, con Gustavo de Hoyos. Las primeras llamadas que se tienen, de dónde vino la invitación, para entender cómo fue el acercamiento original para formar lo que tienen ahora.

—Sí, en realidad —responde—, nosotros habíamos venido estando muy atentos a los pronunciamientos que había venido haciendo la Coparmex como tal, en voz de Gustavo de Hoyos, y habíamos tenido algunos acercamientos, a invitación de ellos, a algunas reuniones que habían ellos organizado con representantes empresariales, para escuchar el punto de vista de los partidos políticos, en caso concreto de nosotros.

"A Claudio lo conocemos también desde que dirigía aquella agrupación Mexicanos Primero, que se dedicó a todos los asuntos de educación".

—Sí, sobre todo en la Reforma Educativa derivada del Pacto por México.

—Pero yo lo conocía desde antes, en lo del Pacto por México volvimos a coincidir para conocer qué estaban pensando ellos, el grupo de Mexicanos Primero. De tal suerte que ahora también, ante la nueva situación desde por allá, ¿qué sería?, quizá por julio-agosto del 2020, Claudio nos buscó a Jesús Ortega y a un servidor. Nos encontramos. Platicamos.

—¿En dónde se encontraron esa primera vez?

—En la Ciudad de México. En una oficina que tenemos en la Ciudad de México. Y él fue a visitarnos ahí, a esas oficinas. Y ahí ya nos hizo el planteamiento de que él había estado hablando por su lado, ellos, él y Gustavo, con el PAN, con el PRI, que en ese momento el PRI estaba en su proceso interno para definir la presidencia nacional del partido.

”Y también estuvo platicando con Margarita Zavala, que andaban formando su propio partido, y con MC, con Dante y con Clemente Castañeda. Entonces dijo: 'Y nos gustaría que pudiéramos confluir en una reunión a la que, si me permiten, nosotros podríamos invitar para que no parta de ninguno de los partidos y se sientan incómodos por eso'.

”Y así fue como nos juntamos por primera vez estos cinco partidos y ellos. Estamos hablando PRI, PAN, PRD, MC y el de Margarita, que andaban buscando su registro. Todavía no se les habían dictaminado su solicitud de registro y entonces así empezamos a platicar. Se expusieron las preocupaciones que cada quién tenía y todo mundo, de entrada, manifestando la disposición a valorar la conveniencia de poder ir en una alianza amplia para el 2021. Así fue, así fue como empezaron las pláticas”.

Zambrano evoca las reuniones en la mansión de González Guajardo, en las Lomas de Chapultepec, que por la pandemia tenían que tener medidas de precaución, como cubrebocas y hasta máscaras de plástico.

—Yo nunca usé máscara, pero sí estos lentes especiales, gafas transparentes y desde luego con cubrebocas, y sanitizándote o poniéndote gel en las manos a cada rato. Si te daban una taza con café, órale a cuidarte… Se hacían en la tarde, […] al aire libre.

—¿En el patio de la casa de Claudio?

—De Claudio, sí. Y de todas maneras, a la postre terminamos teniendo contagios varios de los presentes.

Delgado, Castañeda y Jorge Álvarez, asegura Zambrano, participaron en las negociaciones. Aunque desde el principio plantearon que querían ir solos a la elección de 2021.

—Así estuvieron durante dos veces o tres, en reuniones, hasta que dijimos: "No podemos seguir platicando con alguien que no sabemos si se va a mantener o no". Terminaron diciendo que mejor ellos hasta ahí llegaban, que no iban a participar.

—Margarita y Fausto, en el entendido de obtener el registro, estaban impedidos por ley de hacer coalición.

—Sí, tenían claro que no podían hacer coalición formal, pero sí manifestaban en ese momento la disposición de ver qué tipo de acuerdos políticos podrían construirse para que no nos compitiéramos y que nos fuéramos a meter zancadillas electorales en determinados territorios.

Que no hubo necesidad de llegar, finalmente, a eso porque luego les negaron el registro y entonces ellos terminaron haciendo una alianza bilateral con el PAN, que en los hechos significó una reintegración al PAN.

—En el caso de MC, ellos finalmente tomaron la determinación de no ir, ¿qué argumentos dieron?

—Ellos lo que decían, y lo siguen diciendo todavía, era que agruparnos en un solo polo opositor iba a terminar dándole la razón a López Obrador, de que estaba él encabezando la transformación profunda del país y por el otro los neoliberales y conservadores que estaban obstruyendo cualquier avance, defensores del viejo régimen, de la corrupción, etcétera.

"Y que ellos no querían", agrega Zambrano; "no estaban dis-

"No estamos peleados con el sector empresarial que quiere el bien del país y se opone al autoritarismo actual. Podemos ser aliados".

puestos a participar de ese bloque para facilitarle, según ellos, el discurso de descalificación a López Obrador. El argumento que nosotros decíamos era: 'Oye, pues es que agrupados o no todos los días nos ataca, nos descalifica, nos califica como quiere, nos denuesta como quiere. Entonces lo mejor es agruparnos, si están en riesgo muchas otras cosas, está además abierta la gran posibilidad de que yendo juntos convenzamos a más sectores de la población y que terminemos ganándole, no solamente más de un tercio para quitarle la mayoría calificada para reformas constitucionales a ese bloque gobernante, sino hasta ganarles la mayoría simple, 50 por ciento más uno'.

"Nunca se movieron de su posición, prefirieron mantenerse en su estrategia de andar identificando con qué personajes podrían ir ellos solos para levantar su votación y su porcentaje nacional y desde ahí tener posibilidades para negociar lo que a su juicio conviniera. Lo cierto es que, si vemos hacia el resultado electoral del 6 de junio del 21, si hubiéramos ido juntos hubiéramos ganado la mayoría en la Cámara de Diputados".

LA EVOLUCIÓN ideológica de los tres partidos fue lo que propició consolidar Va por México, destaca Zambrano:

—Habíamos sido antagónicos a ultranza, pero también ellos

han evolucionado. Es decir, el PAN de la derecha más derecha del país como espectro político, como partido político, en su momento allá en los años setentas, todavía hasta los años ochentas, noventas, ya no es el mismo que el PAN de la transición democrática, que el PAN del año 2000 que llega al gobierno. Evoluciona y se coloca más como un partido, diría yo, de centro derecha, si lo queremos calificar desde esta perspectiva de la geografía política tradicional.

"El PRI incluso había venido perteneciendo a la Internacional Socialista. Ellos decían que son, incluso siguen diciendo algunos sectores, socialdemócratas y han ido dejando atrás el viejo nacionalismo revolucionario, de carácter estatista, y se han colocado más, digámoslo así, en una especie de centro político".

—¿PAN y PRI se movieron hacia la izquierda, y ustedes se movieron hacia la derecha?

—PAN y PRI, y nosotros nos movimos, si se quiere ver en esta perspectiva. Nos movimos de una extrema izquierda hacia una suerte de centro izquierda. Todo mundo nos movimos desde las viejas posiciones que teníamos hace veinte años a un nuevo momento, a una nueva circunstancia.

Aunque no fue fácil. Los perredistas aceptaron la coalición que, de no haberla habido, Morena habría ganado la mayoría calificada en la Cámara de Diputados.

—No tengo ninguna duda de eso —subraya.

—¿Fue eficaz en ese sentido la coalición?

—Desde mi punto de vista fue acertada y eficaz, ahí están los resultados, así, para la coalición.

En la consolidación de la coalición también fue estratégica la participación de escritores, académicos y políticos que publicaron el desplegado del 15 de julio de 2020 para pedirles a los partidos de oposición unirse contra el proyecto de López Obrador.

—Fue un incentivo más —dice Zambrano— y un aporte más al debate interno de los partidos para que termináramos convenciendo de que había que atender ese llamado, porque provenía de la intelectualidad, de la inteligencia de este país, de los que han generado o contribuido a la generación de importantes cambios.

Los grupos de Enrique Krauze y Héctor Aguilar Camín habían estado confrontados, pero ahora se unieron para defender una causa común:

—Todo mundo aplicamos el adagio aquel atribuido a los judíos alemanes, cuando la época hitleriana del asenso del nazifascismo, que decían: "Ayer vinieron por mi vecino, antier habían venido por el barbero de la esquina, y no pasa nada, y mañana cuando vengan por mí ya va a ser demasiado tarde, mejor juntémonos". Y también nos permitió estar valorando, observando todo lo que se estaba viendo del proceso venezolano, de cómo a la oposición dispersa la terminaron haciendo trizas y dijimos: "Eso no puede pasar aquí".

—¿Tú platicaste con ellos o quiénes fueron los interlocutores antes del desplegado?

—No, habíamos venido teniendo pláticas diversas y por separado, por cierto, con varios de ellos, con Aguilar Camín, con nuestros amigos del Instituto de Estudios para la Transición Democrática, [José] Woldenberg, [Ricardo] Becerra; con Krauze también en distintos momentos, teniendo contacto con varios de los académicos intelectuales de la UNAM, etcétera. Pero eran pláticas no concatenadas. Más bien eran indagatorias de a ver qué estaban pensando, qué nos decían, qué sugerían.

—¿Krauze aconsejó este bloque opositor?

—Yo no lo sé, no lo sé porque en eso yo ya no platiqué con Krauze, la verdad.

—¿De qué platicaste con él?

—De la situación del país, del riesgo de lo que estaba pasando y de cómo incluso a ellos mismos, a él mismo directamente, lo empezaron a acosar. Entonces, pues sí, estaba muy preocupado.

AHORA, HACIA 2024, Zambrano prevé el choque de los dos proyectos de Nación antagónicos: Va por México contra la Cuarta Transformación, que lidera López Obrador.

—En lo político, el proyecto gobernante quiere regresar a los viejos controles de carácter electoral y ha pretendido y seguirá pretendiendo imponer su visión de que aquí no va a haber de otra para transformar a fondo, como ellos piensan que es transformar a fondo, a lo mejor hasta pasando por encima de las instituciones, con métodos de la democracia plebiscitaria como se le llama, queriendo hacer valer, a como dé lugar, cueste lo que cueste, la consulta popular, pasando por encima de las reglas, queriendo desaparecer al INE, al Tribunal, a todos los órganos autónomos, porque dicen que son producto y herencia del neoliberalismo.

”Lo que pretenden es desaparecer la pluralidad política, como desaparecer a los diputados plurinominales y hasta eliminar el financiamiento público a los partidos políticos y que ellos se financian con dinero sucio, como sucedió en Michoacán en las elecciones de 2021”.

Económicamente, añade, el proyecto gobernante encabezado por López Obrador establece que los empresarios, del tamaño que sea, se rasquen con sus propias uñas, sin ningún apoyo, como no lo hubo en la pandemia, y en cambio impulsar sus grandes obras.

—De ahí la frase de que "esta pandemia nos cayó como anillo al dedo". ¿Para qué? Para imponer su propia visión de que con las grandes obras que está haciendo, queriendo hacer, desde ahí van a servir como las locomotoras para jalar el conjunto de la economía del país. Y es una visión no conectada con la realidad compleja que vive el país.

"Y en lo social sigue pensando López Obrador que el problema de la pobreza se va a reducir y se van a reducir las desigualdades sobre la base de los problemas asistenciales y no sobre la base de la generación de empleos bien pagados, no sobre la base de implementar prestaciones, no sobre la base de generar mejores condiciones de salud, educación, etcétera, para la gente".

Si en todo esto el gobierno de López Obrador es un fracaso, también lo es en el combate a la corrupción y a la inseguridad:

—"Abrazos, no balazos" es la peor de las estupideces que pudieron haberse imaginado, y ahí están los resultados.

Por eso la agenda de Va por México, subraya Zambrano, es progresista.

—Si la vemos puntualmente, es una agenda socialdemócrata, no es una agenda de los patrones, no es agenda de la derecha.

"Se dio la circunstancia de las reuniones en casa de Claudio, pues aparecían como mediadores ante las desconfianzas entre los partidos".

Y él, como presidente del PRD, tiene hasta su propio prospecto presidencial para la coalición: Silvano Aureoles, ex gobernador de Michoacán, bajo investigación de la Fiscalía General de la República.

—¿En serio?

—Sí.

—¿Para la Presidencia?

—Para la Presidencia. Como candidato posible, para ponerlo sobre la mesa. No perdimos la elección en Michoacán, nos la arrebató el narco, que es otra cosa. Y por lo tanto Silvano no sale derrotado en términos políticos. Por eso tuvo la valentía de plantársele a López Obrador en Palacio Nacional, hacer viajes internacionales.

—¿El PAN lleva mano en la presidencial?

—No, vamos a sentarnos a tomar decisiones en una mesa de iguales, independientemente del tamaño.

—¿Y Lorenzo Córdova?

—Es, sería un gran prospecto, desde luego; con ideas progresistas y con una visión de estadista. Así se ha comportado. No sé si pueda estar impedido constitucionalmente, por cierto, para ese entonces. Pero personajes como él... Tiene que ser alguien identificado con un compromiso progresista, liberal, democrático claramente.

—¿Gustavo de Hoyos?

—Gustavo de Hoyos es un empresario que ha venido evolucionando, desde mi punto de vista, también desde una visión propiamente empresarial a una más de compromiso social. Pero que él lo diga en su momento y evaluaremos a ver también cómo ven, cómo ve la sociedad en mediciones de opinión pública, cómo ve a los que, claramente, pues vienen del medio patronal, si quiere a un empresario en la Presidencia o no.

—¿Y Claudio X. González?

—Claudio es otro al que se la ha manejado. También se le ha mencionado. Pero insisto en que hoy eso es mera especulación, mera especulación, y yo diría: no los veto, no los vetaré.

El propio González Guajardo asistió al evento de "relanzamiento" del PRD y Zambrano ve positivo el mensaje que esa presencia manda a la sociedad:

—No estamos peleados con este sector empresarial que quiere el bien del país, que se opone al autoritarismo que está en curso y que podemos ser aliados, que podemos caminar de la mano sin que nos impongan condiciones, porque ciertamente se dio la circunstancia de las reuniones aquellas en casa de Claudio, porque aparecían como los mediadores ante las desconfianzas elementales y naturales entre los partidos.

Zambrano cierra la charla con la certeza de que el país vive momentos decisivos de una trascendencia:

—Se están jugando el futuro inmediato y quizá por varias generaciones de nuestro México.

Lo que le quede de vida personal y como presidente del PRD, garantiza, lo dedicará a enfrentar a López Obrador:

—Después de haber luchado durante 50 años, no me gustaría ver enterrado todo lo que hicimos, todo el esfuerzo logrado, todo lo que construimos, por un proyecto y un personaje que, además, nunca se asumió de izquierda, aunque haya llegado con banderas de izquierda a la Presidencia de la República y que resultó ser un fracaso para la vida nacional.

Santiago Creel

Ya cambiamos: iremos contra las mafias

OMO CONSTRUCTOR CLAVE del proyecto opositor al presidente Andrés Manuel López Obrador, y después de haber sido el primer secretario de Gobernación del primer gobierno de la alternancia tras siete décadas de priismo, Santiago Creel reconoce abiertamente lo que es obvio para los mexicanos: Vicente Fox quebrantó su promesa de cambio y lo mismo hizo el también panista Felipe Calderón.

—Esto amerita una justa autocrítica. ¿Cuál es, de dónde parte esta justa autocrítica? No rompimos los intereses del régimen pasado —dice.

Fox y Calderón no "reordenaron" los intereses de las grandes mafias del país, de los monopolios, de los ejes sindicales y de las élites económicas, y prefirieron acomodarse:

—Hubo un amoldamiento, llamémosle así, que fue un equívoco.

Pero ahora que el PAN está formalmente unido al PRI, que con Enrique Peña Nieto mantuvo también los mismos intereses y privilegios a través del Pacto por México, Creel asegura que ya cambiaron y que, con la coalición Va por México que integra también el PRD, sí van a combatirlos.

—¿Pero cómo confrontar los intereses fácticos, los intereses creados, si esos intereses son los que representa la coalición? —se le cuestiona.

—Lo primero que tendría que decir es que no los representamos. Habrá situaciones que puedan generar un paralelismo en ciertas cosas, pero eso no quiere decir que estemos representándolos.

Creel armó esta coalición junto con el magnate Claudio X. González y Gustavo de Hoyos, ex presidente de la Confederación Patronal de la República Mexicana (Coparmex), y niega que el apoyo de corporativos como Fomento Económico Mexicano (Femsa), que preside José Antonio Fernández Carbajal, implique defensa de los intereses patronales.

—¿Qué credibilidad puede tener esta posición ante los grandes intereses si quienes son el principal soporte de la coalición Va por México son esos grandes intereses?

—Puede haber simpatías —dice Creel—, pero de ninguna manera existe ni control ni una subordinación ni nada.

"Vamos a suponer, y lo voy a plantear con un ejemplo para tratar de ser lo más didáctico posible: si yo tengo un problema en [la] cuadra de mi casa donde vivo, porque falta la luz y por ello hay asaltos en la calle enfrente de mi casa, me puedo poner de acuerdo con mis vecinos y no me importa si tenemos las mismas creencias, si somos del mismo partido político, si tenemos los mismos orígenes, si tenemos el mismo nivel educativo o no lo tenemos, qué se yo. Me da lo mismo quiénes sean, amigos o enemigos: 'Oye, ¿te juntas para que vayamos a la alcaldía y que nos pongan un foco aquí?'. Claro que nos juntamos. Pasa exactamente lo mismo aquí".

Aspirante por tercera ocasión consecutiva de la candidatura presidencial, ahora de Va por México, el político panista acusa que López Obrador tampoco ha eliminado los intereses económicos del viejo régimen:

—Algunos de ellos están sentados en el Consejo Asesor del presidente de la República.

En amplia entrevista con los autores, el viernes 29 de octubre de 2021, Creel, diputado federal, ex senador y presidente de la Comisión Política del PAN —de cuyo presidente, Marko Cortés, es mentor político—, afirma que en México están en tensión dos proyectos de Nación con "visiones claramente contrastantes".

El de López Obrador, denominado Cuarta Transformación, es destructor de instituciones y de empresas, con una visión del pasado, dice. Y el que él representa implica libertades, visión de futuro y también acabar, ahora sí, con los grandes intereses aplicando la ley contra los monopolios y convenciéndolos de que es preferible que limiten sus utilidades a que se extingan.

—¿Cómo? Persuasión de que es mucho mejor estar en una situación de libertad, de competitividad para ellos, de limitar utilidades, que estar en una situación de no estar. Punto.

No va a ser fácil ni rápido, pero lo intentarán de ganarle el poder a Morena en 2024 aplicando la ley y con persuasión y negociación:

—¿Puedes tú quitar o debes tú quitar un monopolio en un mercado de un día para otro? No, porque lo que pasa es que el país pierde valor, entonces requieres procesos de transición, requieres generar los puentes, los armados y hacer técnicamente lo que sea necesario para hacerlo bien y para enviar las señales correctas a todos los inversores nacionales y extranjeros de lo que estás haciendo y por qué lo estás haciendo.

SANTIAGO CREEL es un veterano de la negociación política desde hace casi tres décadas: fue miembro del Grupo San Ángel y consejero ciudadano del otrora Instituto Federal Electoral (IFE), todavía bajo el control del gobierno, entre 1994 y 1996, año en que se aprobó la reforma que hizo autónomo a ese organismo, en cuyo diseño participó directamente.

En 1997, el PAN lo hizo diputado federal en la 57 Legislatura, que por primera vez en la historia le quitó la mayoría al PRI, con el PRD presidido por López Obrador en segundo lugar, y fue anfitrión del Pacto de Esopo, una negociación entre los partidos de oposición para tomar el control del órgano legislativo.

En 1998 fue clave para aprobar el Fobaproa y en 2000 se enfrentó a López Obrador por la Jefatura de Gobierno. Frustrado aspirante a la candidatura del PAN, en 2006, que perdió ante Calderón, fue senador y, en 2012, fue el principal negociador del PAN en el Pacto por México de Peña Nieto, antecedente de Va por México.

Creel pide no omitir un dato para él muy relevante en su biografía como negociador:

—La alianza que hice con López Obrador para defender Tabasco.

Y sí: tras la elección del 20 de noviembre de 1994 en Tabasco, cuando López Obrador se enfrentó a Roberto Madrazo, Creel y José Agustín Ortiz Pinchetti, como consejeros ciudadanos del IFE, hicieron un estudio que acreditó el fraude y dio pie a la renuncia del priista para convocar a nuevas elecciones, pero una rebelión instigada por Carlos Hank González dobló a Ernesto Zedillo.

—¡Y la custodia de las cajas del fraude! Todas las noches fui yo solo, en el hotel Catedral, por cierto —exclama Creel al recordar los documentos que probaron el gasto de 72 millones de dólares en la campaña de Madrazo que, en 1996, fueron descubiertos en Villahermosa y trasladados al Zócalo, donde López Obrador protestaba.

Pero Creel negoció también, como secretario de Goberna-

"Eso es retórica de un debate en donde alguien dice: `estos son la mafia del poder, esto soy yo, el hombre puro'".

ción de Fox, políticas de privilegio para las élites: el no pago de impuestos en la venta de Banamex a Citigroup; la eliminación de carga fiscal a Televisa y la aprobación de la ley que lleva el nombre de esta, así como la liberación de numerosos permisos para operar casinos días antes de dejar el cargo.

Estas decisiones las tomó cuando María Amparo Casar Pérez era su coordinadora de asesores. Casar ahora preside la asociación Mexicanos contra la Corrupción y la Impunidad, financiada por el Consejo Mexicano de Negocios (CMN) y fundada por González Guajardo, el creador de la coalición Va por México y confeso autor del programa de gobierno hacia 2024.

Siguiendo con la autocrítica a los gobiernos de Fox y Calderón, pero también al de Peña al haber sido parte del Pacto por México y porque este ex presidente es del aliado PRI, Creel cree necesario hacer un acto de contrición, que luego disculpa:

—Lo que nos hizo falta fue confrontar y reordenar los intereses creados. Esa es la gran tarea y esa es la tarea que yo hubiera esperado que hubiese hecho López Obrador. No la hizo.

Estos intereses creados enquistados en México tienen dos niveles muy claros, identifica el diputado federal panista:

—El nivel del mundo formal, y ahí hablamos del nivel económico fundamentalmente, y el nivel informal y que ahí se subdivide en una economía informal lícita, no formal pero lícita, no paga impuestos pero son actividades permitidas, y una actividad ilícita. Y no se han reordenado esos intereses.

"[Nada cambiará]", añade, "en tanto no se reordenen particularmente los intereses de las grandes mafias de este país, entre tanto no se reordenen los intereses de los grandes monopolios de este país, en tanto no se reordenen los intereses de los grandes ejes sindicales de este país y de las organizaciones que son la pequeña élite que ha venido frenando esto y que fue una de las grandes fallas, yo digo que fue la falla que nosotros tuvimos".

Se pregunta si se puede explicar esa falla o no, y él mismo se responde:

—No lo sé, estamos haciendo autocrítica: no teníamos una mayoría en el Congreso, no teníamos una mayoría territorial en los gobiernos de los estados ni en los congresos locales, no teníamos el control de las grandes centrales obreras o campesinas, veníamos de otra parte los panistas, pero la autocrítica se sostiene desde mi punto de vista. ¿Por qué? Porque hay que reordenar esto.

—Lo que se vio fue lo contrario: el PAN se acomodó a los intereses de facto, tanto así que los ex presidentes terminaron siendo financiados por los más ricos de México. Hasta la fecha siguen financiando campañas e intereses de los ex presidentes del PAN en el país; es decir, hubo algo más que no romper con los intereses.

—Sí, hubo un amoldamiento, llamémosle así, que fue un equívoco. Se hicieron cosas, por supuesto que se hicieron cosas, se establecieron los parámetros de transparencia, se estableció una libertad de prensa que hasta antes no había funcionado de la manera como funcionó en nuestros gobiernos.

"Se operó de otra forma diferente a como se venía operando en el sistema antiguo, pero esos intereses siguen y siguen al día de hoy. Vean ustedes el grupo asesor o el grupo consultor de López Obrador, es lo mismo.

"Yo no tengo nada en contra de que alguien pueda tener una gran fortuna, si esa fortuna está hecha a base de innovación, de

" 'Soy el hombre de ideas, heredero de Juárez. Los otros son los malos, herederos de quienes le ofrecieron la corona a los Habsburgo' ".

trabajo, de disciplina, de astucia, si compiten los mercados y sus productos son más baratos y de mejor calidad, está muy bien.

"Lo que sí, tengo una crítica importante, que el Estado decida quién es rico y quién es pobre en este país, que el Estado diga: 'Estos que les voy a dar concesiones se van a convertir en los más ricos del mundo y estos que no tienen nada les voy a dar como dádivas, programas sociales', que generalmente acaban en un clientelismo de carácter político, pero que de ninguna manera los sacan de la pobreza".

MODESTO cuando se refiere a la construcción de la coalición, que se fraguó en la mansión del magnate González Guajardo en las Lomas de Chapultepec, Creel se ufana de que él es capaz de hacer acuerdos, porque siempre honra su palabra:

—Soy alguien que creo en la palabra, pero no en cualquier palabra, creo en la palabra, hablando de política, en la palabra productiva, la palabra que va permitiendo encontrar avances; creo en la palabra que busca dentro de los encuentros los lugares comunes, creo en la palabra y la honra y por eso he podido hacer los acuerdos.

Aunque piensen distinto, logró crearse la coalición PRI, PAN y PRD:

—Creo que vale la pena hacer este esfuerzo de una coalición, que además en la historia ha habido tantos ejemplos de coaliciones tan exitosas de otra naturaleza: hay que ver lo que hizo, por ejemplo, Angela Merkel y los verdes o con los socialdemócratas, ya no digamos el Pacto de la Moncloa con Felipe González y Adolfo Suárez y Santiago Carrillo.

A la pregunta reiterada de cómo enfrentar a los poderes, en caso de ganar las elecciones de 2024, Creel responde que aplicando la ley y también con convencimiento:

—¿Cuál es el interés ulterior, para mí, de la política? Es el bienestar social, a eso se atiene. Ese bienestar ha sido obstruido por intereses que han impedido que la renta nacional se distribuya de una manera más equitativa, partamos de esta base.

"Entonces hoy en día lo único que justifica que podamos aspirar al poder y mantenernos en el poder es en la medida que logremos subir ese bienestar. Si no lo hacemos nosotros, pienso yo, la política que está llevando quien está siendo adversario nuestro es una política que va a llegar a otro camino.

"Nosotros necesitamos eso. ¿Cómo? Persuasión de que es mucho mejor estar en una situación de libertad, de competitividad para ellos, de limitar utilidades, que estar en una situación de no estar. Punto".

—Éntrale o éntrale.

—A ver, ¿y qué tenemos? De las cosas buenas que impulsamos en el régimen de Peña Nieto fue una Comisión Federal de Competencia Económica y un Instituto Federal de Telecomunicaciones, que a mí me tocó participar muy activamente en esas dos instituciones en el diseño y en su redacción. Ahí tenemos ya un camino, la cuestión es que apliquen.

Al vicepresidente de la Cámara de Diputados le disgusta que la unión formal de PRI, PAN y PRD le da la razón histórica a López Obrador en el sentido de que siempre han representado lo mismo en la era neoliberal.

—Eso es retórica de un debate en donde alguien hace una categoría y dice: 'Estos son la mafia del poder, esto soy yo, el hombre puro, el hombre de ideas, el heredero de Juárez, el heredero de Morelos y de la mejor parte de la historia y yo estoy haciendo lo mismo que ellos' —por cierto me faltó decir Lázaro Cárdenas—. Y los otros son los malos, los herederos de quienes fueron a ofrecerle una corona a la familia Habsburgo, con Juan Nepomuceno Almonte a la cabeza y todo lo demás, y somos parte de los que conspirábamos en La Profesa, y que somos los que apoyábamos a Agustín de Iturbide en su fatuo Imperio.

"Muy bien, esa es su retórica. ¿Nos metemos a discutir esa retórica? Muy bien, pues metámonos a discutir, con mucho gusto, pero esa es una caricatura de la historia y es una caricaturización del debate político".

Y contrasta el proyecto de Nación de Va por México con el de la Cuarta Transformación:

—El primero, que es el que yo represento, es una democracia liberal, una democracia que parte de los derechos básicos de la persona, de los derechos humanos, que se desenvuelven en distintas dimensiones. La primera es la dimensión individual, la dimensión social, la dimensión económica, la dimensión cultural y la dimensión sustentable; es decir, la dimensión que tiene que ver con las futuras generaciones.

"Una democracia que, por supuesto", explica, "cree en primer lugar en las elecciones, pero esa es la parte formal de la democracia. La parte sustantiva de una democracia liberal tiene que ver con las condiciones materiales para que la libertad de esa persona, de ese ser humano, pueda desplegarse; no puede haber libertad cuando hay limitaciones de índole material.

"Las condiciones vitales más elementales son la alimentación, la vivienda, los servicios básicos, la educación y la seguridad pública, tener una base equilibrada de igualdad de oportunidades para desarrollar su personalidad y su vida como mejor le plazca, teniendo como único límite la libertad de los demás. Entonces esta es la parte que sustenta esta filosofía de democracia liberal que yo intento representar".

Y define el proyecto de López Obrador:

—La otra parte es una visión política que no cree en nada de esto. ¿En qué no cree? No cree en las instituciones que con mucho trabajo se han forjado a lo largo de varias generaciones, que tienen que ver con ir acotando el poder, particularmente el poder presidencial a través de una correcta división de poderes, a través de los órganos de autonomía constitucional.

En el proyecto que él encabeza, dice, es importante respetar la autonomía de un Banco de México, al INE, a la Comisión Nacional de los Derechos Humanos (CNDH), así como a las autonomías de los poderes Judicial y Legislativo.

—Pero no solamente en ese acotamiento del poder, porque la democracia liberal lo que intenta es acotar el poder, generar balances de pesos y contrapesos a todo lo largo del sistema político. Estoy hablando del sistema horizontal de poderes, pero también del sistema vertical, en donde estamos ya en una situación sumamente debilitada en lo que tiene que ver con el federalismo y el municipalismo.

También hay diferencias en la seguridad nacional y la seguridad interior y las relaciones exteriores con el mundo, que son también funciones del Estado federal.

—Todo esto está en pugna, porque hay un cuestionamiento a todas las instituciones que hemos venido forjando, a sus autonomías, a la manera de ir resolviendo los problemas en cada uno de ellos.

Pone como ejemplo el Nuevo Aeropuerto Internacional de la Ciudad México, el NAICM, que López Obrador canceló con el argumento de que había una corrupción desbordada y que iba a tener un costo que el país no podía pagar.

—Pero no hay constructores en la cárcel y el Estado asumió las pérdidas —dice.

"¿Qué resultó después? Que esos mismos constructores reaparecieron en la refinería Dos Bocas, en el Tren Maya y casualmente algunos de ellos fueron los que ocasionaron la gran tragedia de la Línea 12 del Metro. Pero, por otra parte, algunos de ellos están sentados en el Consejo Asesor del presidente de la República.

"¿De qué corrupción estamos hablando?", acusa. "¿De qué pasado estamos hablando? ¿Estamos hablando de realidades? ¿Estamos hablando de que realmente lo que se quiere es combatir la corrupción y combatir esos nudos de intereses económicos que se han venido gestando? ¿Dónde están el combate a los monopolios económicos en este régimen? ¿Dónde está una política fiscal progresiva? ¿Dónde está esa redistribución del ingreso? ¿Por qué hoy en día tenemos casi cuatro millones más de pobres y 24 por ciento más en pobreza extrema? ¿Qué es lo que está pasando, de qué estamos hablando?".

Y vuelve al contraste con la obra de los partidos de la coalición de Va por México:

—Nosotros estamos hablando de críticas muy puntuales, no porque todo lo que hayamos hecho esté bien, debe haber una dosis de autocrítica muy importante en las administraciones tanto del PAN como del PRI de muchas cosas que hicimos mal. Pero hay otras que resultaron en beneficio del proceso de transición: por ejemplo, el INE, que sin lugar a duda encauza la transición, permite la alternancia de todos los partidos y de otras muchas instituciones, como es la institución de transparencia.

"Entonces sí hay en este momento visiones claramente contrastantes, desde el punto de vista de la filosofía política misma, hasta desde el punto de vista de la propia instrumentación", resume.

México requiere, afirma Creel, una reconstrucción institucional para el siglo XXI que represente de manera funcional el pluralismo y los diferentes intereses, y plantea el proyecto de gobierno de coalición.

—Por supuesto que un gobierno de coalición. Tiene que ser un gobierno que permita construir las soluciones inmediatas que el país necesita a muy corto plazo, con la fuerza política suficiente sin perder la pluralidad. Esa es una de las grandes distinciones que existe entre nuestro proyecto y el de López Obrador.

"¿Nos metemos a discutir esa retórica? Con mucho gusto, pero esa es una caricatura de la historia, del debate político".

"El proyecto de López Obrador plantea una visión única, una solución única y establece una dinámica de debate siempre binaria entre buenos y malos, leales y traidores. La política no es así, ciertamente la democracia tampoco lo es. Entonces, requerimos de hacer un enorme esfuerzo de repensar nuestro sistema político para *reenfrentar* el mundo moderno en su frontera, en todas las dimensiones de la vida pública".

Y al margen de si prospera en el Congreso la Reforma Eléctrica de López Obrador, Creel la ve como un contrapunto fundamental en los dos proyectos de nación.

—El concepto de soberanía energética y la autosuficiencia energética es prácticamente imposible en un mundo globalizado, interconectado —dice—. Ya no puede ser ese nacionalismo revolucionario a la antigua.

"¿Dónde está la soberanía de hoy en día?", subraya. "Está en el saber y por eso nosotros vemos con una enorme preocupación y reprobación los ataques que se están dando a las instancias de ciencia y tecnología, porque de donde salen las innovaciones, los inventos, [es] de ahí".

Creel critica que López Obrador no haya hecho una Reforma Fiscal —"¿Dónde está esa progresividad en este gobierno que se dice de izquierda?"—, que militarice la seguridad pública y que no imite las políticas de Franklin Roosevelt.

—A mí me entusiasmaba el pensamiento de López Obrador por dos motivos: había yo luchado con él en sus primeros años por la democracia y vi un hombre que estaba comprometido con la democracia, sobre todo en la primera parte; y lo segundo, él citaba muchas veces a Roosevelt.

"Inclusive, cuando nombró a Luisa María Alcalde como secretaria del Trabajo, yo dije: 'A lo mejor lo estaba pensando un poco en esa reminiscencia, digamos, del gabinete de Roosevelt', en fin. Y veo que ha hecho todo lo contrario, y todo lo contrario es todo lo contrario a sí mismo. Ya no a nosotros, contrario a sí mismo, a su propia biografía".

Por eso la coalición PRI-PAN-PRD:

—Yo creo que sí se puede, en una amalgama de vectores de fuerza política, que podamos organizar e ir rehaciendo el país. Lo tenemos que rehacer, tenemos que salirnos de todas las mentiras en las que vivimos. ¿Vivimos un federalismo sí o no? ¿Vivimos un Estado de derecho cuando el 98 por ciento de los delitos salen impunes en el país? ¿Qué es eso? ¡Qué es eso!

Nombrado por Marko Cortés como posible candidato presidencial para 2024, después de que no pudo serlo en 2006 y 2012, Creel acepta que le interesa ser presidente de México, pero también puede seguir siendo el articulador que ha sido.

—¿Qué es lo que me ha tocado hasta ahora? Construir la coalición; puedo seguir siendo constructor, ampliarla, fortalecerla, puedo además dar estas y otras ideas que sean parte de la plataforma política y eventualmente las políticas públicas del siguiente gobierno, o puedo jugar otro papel.

"Lo importante para mí", enfatiza, "no es La Silla, el puesto. Es el proyecto, es el país, es su bienestar. Estoy aquí por eso, no necesito más, voy a cumplir 67 años, sé muy bien lo que yo quiero y lo que no quiero. ¿Puedo asumir una responsabilidad? Sí, pero también la puedo dejar pasar".

—¿Le gusta "presidente Santiago Creel"?

—"El mexicano Santiago Creel". Con eso me basta y me sobra para la vida.

Maru Campos

"Al final de cuentas, no somos tan antagónicos"

MARÍA EUGENIA Campos Galván tenía todo en contra. El entonces gobernador de Chihuahua la vinculaba con el ex mandatario priista César Duarte Jáquez y juraba que la alcaldesa con licencia era parte de una de las mayores tramas de corrupción en la historia de Chihuahua. Javier Corral Jurado, del Partido Acción Nacional (PAN), como ella, se opuso a su candidatura, a la vez que promovía la de Gustavo Madero Muñoz. Era un juego con todas las fichas en su mano.

Pero Corral perdió. Maru Campos, como también es conocida, se impuso a él, a Madero, a una parte del panismo chihuahuense e incluso a la Fiscalía General del Estado, que desistió a seguirle un proceso que apenas poco antes suponía "bien fundamentado". También se impuso al candidato de Morena, Juan Carlos Loera, en elecciones cerradas. Y el 8 de septiembre de 2021, tres días antes de cumplir 46 años, asumió la gubernatura.

El 1 de diciembre de 2021 sorprendió a los políticos —incluso de su propio partido— cuando, junto con otro de sus compañeros, el gobernador Mauricio Vila, de Yucatán, acudió al Zócalo de la Ciudad de México para celebrar los tres años de gobierno del presidente Andrés Manuel López Obrador. Muchos enfurecieron. Ambos son aspirantes a la candidatura presidencial en 2024, según su propio dirigente nacional, Marko Cortés. En una foto que Vila presumió en Twitter aparece ella junto con el gobernador de Oaxaca, Alejandro Murat; con la jefa de Gobierno capitalina, Claudia Sheinbaum, y el canciller Marcelo Ebrard. Muy sonrientes, todos.

La entrevista para este libro, que fue el 8 de diciembre de 2021, permite saber por qué la visita al Zócalo y por qué la sonrisa. No fueron ocurrencias. Es algo que la gobernadora de Chihuahua parece haber meditado y además defendido frente a todos los que, desde la oposición, donde ella se encuentra, la cuestionaron.

Para abrir la conversación se le plantea la disputa en curso: dos proyectos de Nación, cara a cara. Y las ampliaciones que tendrá para 2024, cuando se desarrolle la mayor elección de la historia y se dispute la Presidencia de México.

—Yo creo que son [dos proyectos] antagónicos en la forma de hacer política, en el diseño de política pública, en la forma de ejecutar política pública. Pero al final de cuentas, no somos tan antagónicos. ¿Por qué? Porque tenemos las mismas causas, porque tenemos los mismos propósitos y las mismas prioridades.

"Si tú le preguntas a cualquiera de estos dos grupos antagónicos", agrega, "cualquiera te va a decir: 'Es la lucha contra la pobreza, es la lucha contra la desigualdad'. Y te lo hablo personalmente: una servidora con el presidente de la República. Podemos hablar perfectamente bien de la pobreza, de sus causas, y poder enarbolar una bandera conjunta en contra de la pobreza en el estado de Chihuahua.

"¿Qué veo para 2024?", se pregunta. "Veo que desgraciadamente otra vez, como lo hemos platicado muchas veces, los partidos políticos están desdibujados. Es una gran pregunta si tenemos qué rebasar a los partidos políticos en esta gran crisis de representación y tenemos que alinearnos como grupos, como lo que ha hecho la alianza Va Por México, lo que ha hecho Sí por México, externo, del sector empresarial.

"¿Hacia dónde vamos? Yo creo que es una gran pregunta. ¿Qué es lo que queremos de nuestro país? ¿Hacia dónde vamos en el mediano y largo plazos? Eso es lo que esperaríamos en 2024: hacia dónde vamos con partidos, sin partidos. ¿Cuáles son las prioridades?

"Estamos enfrascados en los personalismos, en los liderazgos, en los dirigentes, en quién puede ser. Y yo creo que nos falta mucho de esta cultura política democrática para bajar a donde está la gente, a donde están las causas. A lo que la gente nos está pidiendo que enarbolemos para 2024".

"Si hay un candidato o candidata de Morena que a usted le diga: 'A mí me convence', ¿usted la apoyaría o lo apoyaría?". "Sí".

—Es completamente válido que compartan inquietudes por la desigualdad, por la pobreza. Pero electoralmente no van juntos y son dos fuerzas definidas que así se han definido. Van por objetivos electorales que implican el reparto posterior del poder. Los unen sí, algunos objetivos. ¿Qué los desune? —se le pregunta.

—La forma de atajar esas causas, de atajar esos problemas en el país. Para unos es a través de estas transferencias directas a los ciudadanos; para otros es la inversión económica; generar mayor riqueza y entonces distribuirla de mejor forma. Pero yo creo que debe haber esos puntos intermedios y es la historia de la política y de los gobiernos en el mundo, la formación del Estado. Esta lucha continua.

"Pero yo creo que México no aguanta más de 2024. Es un momento de mucha seriedad y de mucha responsabilidad, de mucha humildad para que estos personalismos, de todos nosotros los que estamos involucrados o hemos sido llamados de alguna u otra forma a participar en 2024, tengamos esa sensibilidad para darnos cuenta de que este país no aguanta más y que debemos encontrar un punto de convergencia en esta sociedad, hoy en día tan polarizada entre liberales y conservadores, *fifís* y *chairos*. Tenemos que encontrar esas soluciones intermedias y sumarnos todos a un proyecto de Nación. ¿Será tan difícil?

"Puede ser muy idealista de mi parte, pero sigo pensando en que sí lo podemos hacer y que se han hecho grandes alianzas en la historia del mundo para poder lograr o derrotar totalitarismos, derrotar dictaduras. Pero, bueno, yo creo que lo podemos lograr para derrotar la apatía y para derrotar la falta de solidaridad y la desunión y poder trabajar todos juntos por una causa".

—Hay diversidad de ideas y también de posiciones.

—Tiene que haberlas, claro.

—Claramente están definidos en el terreno electoral: dos coaliciones que seguramente van a llegar a 2024. O a lo mejor no, porque eso también es posible, que una coalición como la opositora, que hoy está articulada en Va por México, pueda, por las razones que sean, no materializarse. Pero habrá un enfrentamiento electoral.

—Sí —responde Maru Campos—, a ver: yo no creo que tenga que haber un enfrentamiento. Tenemos ese tiempo para dejar de polarizar, para tratar de buscar esos puntos en común.

"¿Qué es lo que necesita el país? La gente está cansada de oír de violencia, de escuchar peleas. Ya hay suficientes problemas en nuestras casas en el día a día, en las ciudades, en los municipios donde se vive la realidad diaria; en los estados. ¿Y para escuchar a dos diputados federales peleándose? Había por ahí una encuesta de la Secretaría de Gobernación sobre cultura política y prácticas ciudadanas, donde se le preguntaba a la población si deseaba tener acuerdos y consensos entre fuerzas políticas; aunque se tardaran más tiempo, pero tener esos acuerdos y consensos. La gente decía: 'Sí, yo lo que quiero, no importa cuánto se tarden, pero quiero que haya esos acuerdos y consensos'.

"La gente nos quiere ver unidos. ¿Por qué la unión es ante un Marcelo Ebrard o ante un Ricardo Anaya; ante una Sheinbaum o ante un Mauricio Vila, y no la unión hacia la causa de la pobreza? O sea, ¿por qué no podemos buscar esos círculos donde quepamos todos y podamos unirnos en torno a 2024? Y para 2024, a mediano y a largo plazos. Otra vez muy idealista, tal vez, pero es un trabajo de mucho diálogo y de mucha negociación".

—En los hechos, gobernadora, por ejemplo con la Reforma Eléctrica, se plantea un "somos oposición o no somos".

—Creo que los actores políticos tenemos un gen muy arraigado de este sistema presidencialista, ¿no?, donde todos tenemos que movernos a través de incentivos. Te apoyo en tal reforma siempre y cuando haya estos incentivos perversos de una candidatura a la gubernatura, una embajada, un consultado, y no nos hemos dado cuenta que las reglas del juego son tal vez de beisbol y estamos tratando de jugar basquetbol.

"Y entonces […] en esa confusión ¿qué es lo que permea? Permea el agravio, permea la violencia, permea la falta de entendimiento entre los actores políticos. A ver pongámonos de acuerdo, ya ese ADN ya no existe. Yo espero que las generaciones que vienen atrás de nosotros tengan otro tipo de formación. Sí serviría mucho y fue una lástima que durante la presidencia de Vicente Fox no se hiciera la Reforma Política, la Reforma de Estado, para tener un régimen semipresidencialista o semiparlamentario o parlamentario para lograr generar acuerdos y consensos de otra forma.

"Tenemos que rebasar el tema de que 'nuestro intento' o 'nuestro objetivo' está en que llegue a ser *fulano* o *sutano* candidato a la Presidencia de la República y ganemos. ¡No! Esa cultura política tiene que estar en la disminución de pobreza en el país y esa cultura política tiene que estar en los intereses generales, más allá de los intereses de grupo".

—¿Qué se está jugando en México?

—Todo.

—¿Su viabilidad como Nación?

—Todo. La propia gobernabilidad. ¿Qué es lo que provoca en la gente lanzarse a las armas, y no quiero ser tan fatalista, a una revolución? Bueno, ya no tiene nada qué perder. Cuando ya no tiene nada qué comer. ¿Qué tanto le sirve a la población una despensa, un paliativo, y qué tanto le sirve a la población que lleguemos cada vez en campaña a prometer cosas y no las cumplimos? Hay un nivel muy duro, una crisis de representación, de gobernabilidad. En representación va lo que los mexicanos sentimos. Otra vez, los problemas diarios que nos tienen ahorcados y que no vemos por dónde. No vemos la luz.

—Hay tres fuerzas tratando de coincidir para ir juntos electoralmente hasta 2024. El PRD básicamente ya perdió todo el territorio. El PRI tiene dos años muy complicados, por encima de ningún otro partido; quizá sea el que tiene más gubernaturas en juego que puede perder. El PAN es la fuerza importante dentro de esta alianza. ¿Usted siente que para el PAN es necesario traer a un amigo tan incómodo como el PRI o a alguien que está prácticamente en el desahucio como el PRD?

—Yo te la pondría al revés: ¿Por qué no buscamos qué es lo que necesita el país? ¿El país necesita a un egresado del MIT con honores que sea un súper tecnócrata y que sepa diseñar, tal vez, los mejores programas y proyectos a mediano y largo plazo? ¿O necesita a una persona con gran carisma que atienda a la población? ¿Qué es lo que necesita el país?

"Entonces te diría: si es alguien del PAN, del PRD, del PRI o de Morena; el tema otra vez no está en este partido político, no está en esos personalismos, no está en esta ideología. ¿Quién es capaz de ayudarnos a salir adelante? Yo ahorita no tendría un distingo. Soy panista y soy orgullosamente panista y tengo 28 años en el PAN, pero me ha tocado ver cuando luchábamos en una Plaza de Armas en Chihuahua con don Luis [H. Álvarez], con 'Pancho' [Francisco] Barrio y luego me tocó ver la ilusión, como joven y líder estatal de los jóvenes del PAN en Chihuahua, cómo gana Vicente Fox. Y ayudamos a Vicente Fox a tener la victoria y luego nos vimos gobernando y luego nos vimos perdiendo el poder en el gobierno federal.

"Todo eso te hace pensar: bueno, a final de cuentas es representar a la población; qué es lo que se necesita. Y no son personalismos. Otra vez son causas: ¿quién es la persona o quién es el equipo o quién es el grupo? Y otra vez nos vamos al presidencialismo: no es una sola persona, no es un caudillo, no es un ser omnipresente, todopoderoso. Es un equipo, una familia que nos ayude a determinar qué es lo mejor para el país".

—Si hay un candidato o candidata de Morena que a usted le diga: "A mí me convence", perdón, ¿usted la apoyaría o lo apoyaría?

—Sí.

—¿Sí?

—Sí.

—Que le llene los requisitos mínimos que usted plantea.

—Sí, sí, por el país. A ver, te voy a contar algo que platica-

"Yo creo que hay que ir en alianza con el PRI, que las próximas generaciones vean que dimos e hicimos todo por cuidar este país".

mos, híjole, yo creo que fue octubre del año 2020. El presidente nacional del PAN, Marko Cortés, me preguntaba (que no creo que lo hizo nada más con Maru Campos, lo hizo con varios actores políticos) y me decía: "¿Qué piensas de la alianza con el PRI?".

"Y le decía: 'Yo creo que hay que ir en alianza con el PRI, que nuestros hijos o tus hijos o que las próximas generaciones se den cuenta que, mientras nosotros estuvimos, dimos todo e hicimos todo por cuidar este país, por buscar la mejor solución para el país, y si eso a mí me cuesta dejar la candidatura a gobernadora, y si eso a mí me cuesta explicarles a los chihuahuenses por qué esa alianza con el PRI, cuando con el PRI teníamos un desgaste muy tremendo después de los gobiernos priistas en el estado, bueno, vamos a hacerlo. Porque es el bien mayor, porque es la causa mayor'. Y si tú hoy me preguntas sobre qué decidiría, yo decidiría sobre la causa mayor", dice Maru Campos.

—¿Cuáles son las características del proyecto del PAN que son muy diferentes de las del proyecto del presidente López Obrador?

—Otra vez, es un tema de la forma *de hacer*. ¿Para qué quiere un partido llegar al poder? El PAN quiere llegar al poder y retener el poder. Creo que eso es parte de esta cultura política y del sistema jurídico del régimen; queremos llegar al poder para implementar una forma de acabar con la pobreza o acabar con o disminuir la desigualdad. Esa sería la parte contrastante con el Proyecto de Nación que ahorita nos gobierna en el país.

"Vuelvo a las causas: cuando eres alcaldesa cinco años y te toca ver a la gente que tiene 20 años esperando por agua potable; cuando eres gobernadora y te toca ver que tu estado tiene un número importante de pobreza rural y de pobreza urbana, y mira se me pone la piel chinita. Y cuando llegas aquí a la Ciudad de México y te topas con que unos se están peleando con otros y no alcanzamos a ver la realidad en tierra, perdón, pero me vale un cacahuate si es la forma A, la forma B, o la estructura C para acabar con esa pobreza y disminuir la desigualdad. Lo que quiero es que esas 50 mil personas dejen de carecer de agua potable y tengan agua potable después de 20 años", responde la gobernadora de Chihuahua.

"Lo que me interesa es que el rarámuri en Chihuahua pueda vender sus artesanías sin que nadie lo extorsione y lo soborne y le pague menos de lo que se merece. Lo que quiero es que dejen de ser usados por el crimen organizado para trabajar sus plantíos. Eso es lo que quiero. Y no me importa quién es, me importa qué se haga.

"Con ese idealismo crecimos y ese idealismo lo mantenemos. Y ese idealismo es a final de cuentas lo que me hace hoy seguir creyendo que sí podemos y que tenemos que lograrlo y que va a ser a lo mejor una lucha, otra vez, surrealista o fuera de la realidad. Pero bueno, este mundo debería estar lleno de locos, ¿no?".

—Caminar Chihuahua, andarlo, verlo, porque usted ha gobernado la capital; caminar la sierra; caminar, como decía

usted, y ver tanta desigualdad, pobreza, presencia de crimen
organizado, ¿la ha acercado de alguna manera a los plantea-
mientos que son la bandera del presidente?

—Sí, sí, claro. Sí me han acercado. Y me han acercado porque hoy es quien gobierna el país y porque mi papel como
gobernadora, yo les digo, es como el de una madre. Y en su
momento fui del municipio y ahora como gobernadora. Una
madre de los chihuahuenses que se preocupa por llevarles el
alimento y por llevarles las mejores condiciones para que puedan ir a la escuela.

—Cueste lo que cueste.

—Siempre y cuando no te traiciones a ti mismo. ¿Y qué significa no traicionarme a mí mismo? Cumplir con mi papel para
el cual fui elegida. No estoy traicionando mis valores, depende
hasta dónde lleguemos.

"Te puedo decir que ha habido una relación de coopera-
ción mutua hoy en día con el gobierno federal, donde se han
cumplido acuerdos y donde hemos logrado entendernos para
lograr ese objetivo en común y donde, por el otro lado, no se
me ha pedido nada desleal a mi partido ni se me ha pedido
nada en contra de mi integridad o de lo que yo pienso. Y el día
que se me pida hacer esto, bueno, entonces levantaré la mano
y diré: 'Gobierno federal, señor presidente, pues no estoy de
acuerdo con esto. ¿Cómo podemos ponernos de acuerdo en
un punto medio?'".

El Partido Acción Nacional nació en 1939. Surge en buena
medida como reacción al Partido de la Revolución Mexicana,
a raíz de la Expropiación Petrolera.

—El PAN nació para confrontar a otro proyecto que se considera destructivo. Ese sigue siendo también el discurso del PAN y el discurso de la coalición. Claro, cambian las visiones. Cambia la visión de una candidata cuando se convierte en autoridad...

—Totalmente —dice Campos.

—...En este caso, la panista Maria Eugenia Campos.

—Veintiocho años panista.

—Si ahora le vuelve a preguntar Marko Cortés, como seguramente lo hará, si van a 2024 en coalición con el PRI y con el PRD, ¿volvería a decir sí?

—Yo volvería a decir sí, siempre y cuando tengamos un proyecto para estas causas que les importan a los mexicanos.

—¿Y hoy esa coalición lo tiene?

—Creo que sí, sí lo tiene. Estoy ahorita encargada de gobernar; he estado enfocada en gobernar. Pero sí habría de darme una vuelta para ver qué es lo que se está planteando. Y es muy importante también que una servidora y los gobernadores que me acompañan de Acción Nacional pongamos este tema en la mesa en los máximos órganos del partido. No es ganar la elección. No es ganar el evento. Es un proceso para el país, de cómo vamos a solucionar las cosas; tenemos que tener identidad y tenemos que tener proyectos.

—¿Es un llamado a estas fuerzas a decir: si hay algo del presidente y de Morena que están empujando en los cuerpos le-

"¿Por qué esa alianza con el PRI, cuando con el PRI teníamos un desgaste muy tremendo? Porque es el bien mayor, es la causa mayor".

gislativos, tenemos la obligación de apoyarlo porque es para el bien de México?

—Totalmente —dice sin pensarlo ni un segundo. Y agrega—: Es una oposición responsable, como muchas veces lo exigimos al PRI como panistas y lo exigimos a otros partidos políticos. Es una oposición responsable. Las causas las tenemos demasiado politizadas y las tenemos demasiado ideologizadas.

Se le recuerda el episodio en el Zócalo, el 1 de diciembre de 2021.

—Se generó hasta incomodidad en el PAN, por decirlo suavecito, y el presidente nacional de ese partido discrepó. ¿La regañó?

—No, no me regañó. Me regañaron algunos otros, otras personas del PAN a quienes respeto muchísimo y logro entender su enojo. Me dijeron: "Le hiciste mucho daño al país, le hiciste mucho daño al partido, no estamos de acuerdo con esto". Y para mí fue una situación muy fuerte, porque son personas con las cuales he crecido. Te hablo de un Fernando Canales Clariond; de un Luis Felipe Bravo Mena. A mí me tocó la mayoría de mi crecimiento y formación en el PAN bajo la batuta de Luis Felipe, a quien admiro mucho y respeto mucho.

"Les dije: 'Bueno, los respeto. Hay que cuidar esas formas, pero preocúpense cuando yo salga con la bandera de Morena, tomando una decisión completamente contraria a lo que pensamos en el PAN y que no beneficia en nada a la ciudadanía. Entonces ahí sí. No es lo mismo una sonrisa en una fotografía, una fotografía espontánea, que algo de fondo. Fue algo de forma'.

"Para esa fotografía estábamos platicando con la jefa de Gobierno: '¿Cómo le haces en las manifestaciones, cómo estás trabajando?". Estábamos platicando de la manifestación que tenía aquí, en el Zócalo, desde Oaxaca, y estaba ahí el gobernador Murat. O sea, este intercambio de ideas, este intercambio de opiniones. Los hospitales del IMSS que se están construyendo en Oaxaca. ¿Hay algo malo en eso? ¿Hay algo malo en intercambiar opiniones, ideas?

"Ese es, otra vez, el problema: la falta de unidad y la falta de cercanía y la falta de conocimiento del otro. Mientras pensamos que unos son los malos y otros son los buenos nunca nos vamos a poner de acuerdo y vamos a seguir clavados en este enfrentamiento. Igual encontramos algo positivo, ¿no? Estoy segura que hay algo positivo".

—¿Siente beligerancia innecesaria?

—Sí.

—En el país, que todos estamos a la defensiva.

—Sí. Totalmente a la defensiva. Y hay tanto ruido que precisamente ese ruido nos hace no escucharnos entre nosotros mismos. ¡Somos quienes dirigimos este país y no nos escuchamos! ¡Es una tragedia!

Maru Campos dice que ya "cuando eres Ejecutivo" cambia la forma de ver las cosas:

—Dices: "Bueno, ¿y entonces quién me va a ayudar con la gestión para darle salud a cinco millones de chihuahuenses en el estado? ¿Quién me va a ayudar a confrontar, a prevenir y a contener el crimen organizado en el estado de Chihuahua?".

"El tema del Legislativo: pues súbete a una tribuna y habla y discute y analiza y debate y genera y abroga leyes, pero a ver, haz política pública. Impleméntala. Y eso significa tener recurso para ella y que te dé resultados, porque además eres la

vista del partido político. Tú como alcalde, tú como gobernador, tienes que dar resultados. Eres la cara del partido. Me estás
pidiendo que cuide las formas; a lo mejor no cuido las formas
pero cuido el fondo y aun así me regañas. Estoy tratando de dar
resultados".

—Eso pasó con dos figurones del PAN.

—Dos figurones.

—¿Entendieron los argumentos?

—Sí, y yo también entendí sus argumentos. Y es otra vez en
esa escucha, en esa cercanía que nos podemos poner de acuerdo.
Y es lo mismo que tenemos que comunicar al interior del PAN:
que son las causas, y entendernos; cuáles son nuestros papeles y
dentro de este sistema, PAN, entendernos como un ajedrez. Qué
es lo que tiene que hacer cada uno, cuál es su función.

"En 2000 ninguno de nosotros definimos. Todos decíamos,
con la presidencia de Vicente Fox, que queríamos ser distintos, distinguibles al PRI. ¡Pero no dijimos cómo! Queríamos
ser distintos y distinguibles en ese juego de beisbol del cual les
hablo: cambiar las reglas del juego, generar otro tipo de incentivos. Queríamos tener un partido distinto. Tuvimos tantos
programas y proyectos dentro del gobierno del PAN y nunca
nombre: 'Este programa representa la solidaridad que pregona
el PAN, este programa representa el reconocimiento de la dignidad humana que pregona el PAN, este programa pregona la
subsidiariedad que reconoce el PAN'.

"Entonces tenemos 30 años de atraso en el partido y por
eso también esta crisis ahorita. Cada quien dice lo que piensa
pero no, a lo mejor no estamos alineados a este objetivo y a esta
causa que debemos tener".

"A todos los partidos nos ha faltado volver a la tierra. Volver a tocar y a sentir a la gente. Ahí es donde se vive la política. No en la Cámara de Diputados".

Se le plantea que Va por México es criticado porque sólo reacciona contra el presidente, pero no tiene proyecto.

—Claro —concede.

—¿Cómo se va a resolver?

—Cuando tengamos la ideología de la cercanía y de la unidad. Cuando tengamos la ideología de las causas. Cuando ves que puedes, decía Manuel Gómez Morín, y soy profundamente fan de Manuel Gómez Morín, decía en los ensayos de 1915 que los gobiernos eran para evitar el dolor evitable. Ese dolor que no proviene de Dios sino que generamos nosotros mismos, entre seres humanos. Ese dolor que yo provoco siendo gobernadora o siendo alcaldesa, de no arreglar el alumbrado público. Ese dolor que le provoco a la madre de familia que no sabe si va a llegar segura a su casa. Ese dolor que provoco al no disponer de un lugar, una guardería para que los niños estén tranquilos, cuidados, mientras también llega su mamá después de 12 horas de trabajo.

"Entonces, mientras no tengamos claras esas causas y el poder que tenemos los gobiernos para evitar ese dolor evitable de la pobreza, de la desigualdad, de la seguridad, de la salud, de hacer este contrato social entre nosotros como seres humanos y decir: 'No, no se trata de que yo pierda algo, se trata de compartir lo que yo tengo para que el que está enseguida evite ese dolor evitable, bueno, pues vamos a estar fuera de contexto. Y vamos a estar buscándole la cuadratura al círculo, cuando lo tenemos aquí, en frente en las narices.

"Yo creo que al partido, y a todos los partidos, y por eso hablo de la crisis de representación, nos ha faltado volver a la tierra. Volver a tocar y a sentir a la gente. Ahí es donde se vive la política. No se vive en la Cámara de Diputados, no se vive en los grandes acuerdos nacionales".

—¿Usted se ve como opción para 2024?

—Ah, no.

—Marko Cortés ha planteado que usted es prospecto presidencial para 2024. ¿Le interesa?

—Me interesa gobernar, me interesa evitar ese dolor evitable. Pero me interesa hacerlo desde mi estado. Yo entiendo que mi presidente nacional necesita varios candidatos y si se requiere, si se ofrece, pues ahí estaré lista. Pero ahorita, mi mandato y mi amor, mi corazón está en los chihuahuenses, en esas ganas de hacer mucho por ellos y cambiarles la vida. No a millones pero sí a miles de familias. Sé que se puede hacer desde el gobierno. Ya veremos si se da. A lo mejor no se da en el 24, se da en el 30 o no se da nunca. Pero ahí estaré yo. Estaré en las causas de la gente.

CPSIA information can be obtained
at www.ICGtesting.com
Printed in the USA
BVHW080227130223
658249BV00019B/255